U0114710

錢穆 講

中國社會經濟史

葉龍 編錄

商務印書館

錢穆講中國社會經濟史

編　　錄：葉　龍
責任編輯：潘來基
封面設計：涂　慧
出　　版：商務印書館 (香港) 有限公司
　　　　　香港筲箕灣耀興道 3 號東匯廣場 8 樓
　　　　　http://www.commercialpress.com.hk
發　　行：香港聯合書刊物流有限公司
　　　　　香港新界大埔汀麗路 36 號中華商務印刷大廈 3 字樓
印　　刷：中華商務彩色印刷有限公司
　　　　　香港新界大埔汀麗路 36 號中華商務印刷大廈 14 字樓
版　　次：2016 年 4 月第 1 版第 1 次印刷
　　　　　© 2016 商務印書館 (香港) 有限公司
　　　　　ISBN 978 962 07 6567 4
　　　　　Printed in Hong Kong

自序

　　余在新亞書院就讀期間，曾修讀錢穆老師的講授的六門課程，在研究所時之兩課不計，計有一九五三年的"中國經濟史"和"中國通史"；一九五四年的"莊子"和"中國文化史"；一九五五年的"中國文學史"；和一九五六年的"中國社會經濟史"。一共六門課，其中除了"莊子"以外，都是史，除了"通史"，其他都是專門史。

　　錢師曾言：

　　　　"穆意大陸終為今日吾等在香港者一歸宿之所，此事已在前年與弟及新亞同人談及，盼能常存心懷，並在學業上好作準備，先憂後樂，書生報國，惟在此，弟此行感觸，即是做學問一大方向，如何轉移風氣人心？乃屬學人大責任所在，千幸勿忽。穆雖老，亦當追隨努力也。"（註）

　　照錢師此函所言，錢師與其弟子輩均應負此責任，即是讓吾等先做好學問，以備將來將學識傳往內地，以作轉移風氣人心之用。今吾將錢師講授各課逐本傳入中國大陸，由後浪、新華諸書店刊印發行全國，且余又撰寫多篇萬字長文刊登於《深圳商報》，以介紹錢師著述上述各書稿之內容，凡此種種，亦即符合錢師生前期望，相信錢師若泉下有知，亦必內心感慰無已也。

　　今余手頭尚有錢師所謂"中國通史"筆記稿一冊，及未及找到之"中國文化史"稿本，二稿如能接續整理出版，則乃人生一大快事也。

　　再説，余整理錢師"中國社會經濟史"講稿，不及兩周已完成，此乃因錢師當時所講，出口成章，故使余整理費時不多。由於原稿寫於一甲子前，墨水褪色已淡，余又年近米壽，得賴放大鏡看清字跡，遇有潦草褪色之字，得用兩鏡重疊，始能照明看清，惟全稿仍有一些句未能查明，只得割愛捨棄，且余當年缺"漕運"一堂之講課，此亦無可奈何之事也，一切惟有順其自然，望讀者諒之，自信記錄差可準確，但難免有所疏誤之處，再次懇請各界恕宥為感。是為序。

葉龍序於二〇一五年
四月四日上午於香港青衣寓廬

註　此段錢師所言，乃其致唐端正學長函中之一節，語見香港中文大學新亞書院出版之《錢穆先生書信集》。

目　錄

緒論

向來學歷史的人，比較不注意社會和經濟。西方人講社會學也不過只是兩百年之久而已。後來開始講經濟和社會學時，並不牽入歷史，要到後來才知有連帶關係。

社會與經濟兩者可合講，亦可分講。所謂"唯物史觀"，即是"經濟史觀"，他們認為由經濟形態來決定社會形態，再由社會形態來決定一切歷史，遂有社會的分期。中國人講歷史比較有系統，是按朝代來講；西方人講歷史則較紊亂，故只分為上古、中古及近古等來講。由"唯物史觀"、"經濟史觀"的學者來分期的話，則稱政治跟社會、社會跟經濟。封建主義是農業，資本主義是商業，共產主義社會則仍是工商業，這樣分法，可以說部分是對的，但是對東方歷史來說，則不能如此分法來講。因為人類歷史演進並不是照馬克思所講的。人類歷史的演進，有無共同的軌道，是一個大問題，對各個不同的民族來說，意義極為重大，這要用歸納法來講。中國人的歷史演進，歐洲人的……回教人民的……歷史演進，將各民族的歷史演進加以匯通，可以看出是否有共同軌道。

今天講理論的，蘇聯的有講錯，但卻講得有聲有色；此點為英美各國所不及。今天如果英美各國要想用真理來駁倒共產黨的理論，這就得要獻身於真理。

今天要用政治或宗教等來解決問題，卻解決不了，因此，西方人就漸漸注意到東方的歷史了。今天，中共推行的政策較傾向於蘇聯，力量很大；大陸青年須學習"唯物史觀"，影響很大，因其政府想用

“唯物史觀”來溝通中國歷史。

最近，法國的巴黎正在召開漢學家會議，提出中國歷史如何分期。今日世界上許多國家，如土耳其、埃及等等國家的歷史都不完整，唯有中國的歷史，才可以來研究人類的歷史如何來演進。這便是今日歐美已注意到的文化問題。

從前的西方人，總認為不信上帝的民族是不開化的。但今日他們改進這種錯誤觀點。[1] 今日來談這問題仍是一個知識的歷史的問題，這是時代的要求，是書上沒有的新知識。

共產黨有一套根據歷史的大理論，因此看不起西方的社會科學和自然科學等職業性的小問題。將來對世界學術有大貢獻的，最好是研究中國歷史。

今日世界人類已經覺醒，自己各有一套文化，不願佩服他人的。今日我們來講世界人類歷史共同演進的方法，就要用歷史的科學的歸納法。

1　錢穆先生講此課程時是一九五六年九月。

第一篇　古代氏族社會與農業概況

一、古代北方農作物考

　　最古的中國社會並非原始共產社會，應稱為“氏族社會”。中國古代的經濟以農業為始。世界各國文化的開始都是如此。

　　所謂世界四大文明古國：埃及、巴比倫(即美索不達米亞)、印度及中國，文明發源地都是從農業開始，也有人加上墨西哥的。埃及有尼羅河；巴比倫有幼發拉底、底格勒斯兩河；印度有恆河；中國有黃河，其實中國不同上述三國，因農業發展是靠水利灌溉。但中國的農業發展並非單靠一條河。今舉例言之，埃及、巴比倫和印度均區於熱帶或亞熱帶，但中國則緯度氣候不同。再就面積言，埃及與巴比倫面積小，印度較大，但比較單純；而中國卻幅員大，是大面積的，此點亦與上述諸國有別。

　　再者，中國古代的北方農作物並非種稻麥。向來有所謂五穀，即黍、稷、稻、粱、麥，再加上豆，則稱六穀，再加上別的，則稱九穀。農作物的品種，照理是由一處散佈至各地，各種生物學均然。所謂生物一源，這是個有趣的問題。

　　我人如要研究中國最早的農作物，應根據歷史來研究。

　　中國最早的農作物，應是黍與稷，最早產於北方的便是黍與稷，我國的《詩經》便已提到黍稷；又如甲骨文中提到最多的是黍字，講到占卜年成好壞，就有“求黍”和“求黍年”等甲骨文，但未見有“求麥”，因為黍賤易種，麥為貴品種而難生長，故商代人求豐年只求黍，這是歷史材料，當我人研究此種甲骨文之史料時，應該發生問題，何以只求黍而不求麥，原因如上所說，因黍是不值錢而易種，是商代人的主要農業作物，這證據可在《詩經》中找到，因黍稷兩字很多。

我國古代農業發明者有后稷，有神農。后者，上帝也，"后"與"神"都是形容詞，神農姓姜，后稷姓姬，此兩人均在中國西部，何以不稱后稻、后麥，而稱后稷呢？這是一個問題，因為中國最古的農作物是稷。

甲骨文是盤庚後之文物，是我國可靠的史料，但后稷之史料是藉傳說而來，這也不一定不可靠，此假說乃由推想而來。

黍稷有共同之性格，都是高地農作物，因為鄭玄說："高地宜黍稷，下田宜稻麥。"今日北方以麥為主，種麥處即是種稻處，我國南方以稻為主，種稻處即種麥處，而稻麥需要的水份多，故在下田，黍稷需要的水份少，故生在高地為宜。

今提出另一證據，束晳〈補亡詩〉云：

"黍華陵巔，麥秀丘中。"

陵是指山地，丘陵之意，即黍開花於山上，長江流域地區的山上可種稻，有田，但在黃河流域的陝西地區山上則種麥，由上述可知，古代人多種高地山上的農作物，是旱地作物。

另一證據是《史記》〈五帝本紀〉云：

"舜耕歷山，歷山之人皆讓畔；漁雷澤，雷澤上人皆讓居。"

這是說明在山上耕田，在水中捕魚。

又一證明：后稷發明叫人種田就在山西的稷山（並非陝西），自古就有此傳說。

再一證明：神農一名烈山氏，意即神農氏發明農業，將山上的樹木燒掉作肥料來耕種作田，並非用水利灌溉來種田，所以又稱為烈山氏。

又如夏禹治水的故事，《淮南子》〈齊俗訓〉云：

> "堯之治天下也，……澤皋織網，陵阪耕田。"

所謂陵阪，即在山上耕田；澤皋者，即在平原之湖泊地區捕魚。淮南子是今安徽人，知古代人低地捕魚，高地種田，可見他懂得歷史。

又一證明：《吳越春秋》〈吳太伯傳〉道：

> "堯遭洪水，人民泛濫，遂高而居，堯聘棄（即后稷）使民山居，隨地造區，研營種之術。三年餘，行人無飢乏之色。"

《吳越春秋》的作者是東漢時的浙江人。此處所謂山居，便是命人民住在山上種田。

由上述各種證明，古代人種田均在山坡上，種的是黍稷而非低地的稻麥作物。

二、古人居住於高處山地考

《周易》〈繫辭下〉云：

　　"上古穴居而野處，後世聖人易之以宮室。"

證明古人住在山上。

又有《禮記》〈禮運篇〉云：

　　"昔者先王，未有宮室，冬則居營窟，夏則居橧
巢。"

　　窟者，穴也；營者，一個個散佈的窟窿，北方的太行山區，今日
仍見到其半山區有此穴居。故此，所謂穴居者，並非地下挖洞，乃是
在山上挖洞。土地很乾燥。

又有《孟子》〈滕文公下〉云：

　　"下者為巢，上者為營窟。"

　　《詩經》〈大雅・緜〉中云："陶復陶穴。"陶即挖空，復即覆，
總之是穴居者，即是山居，居住在山上是也。

　　山居與山耕同時，此時期之文化可稱之為"黍稷文化"，今日在
北方仍有遺跡可見。黍是極簡單的農作物，生長於高地，這種"黍稷
文化"亦可稱為"陵阪文化"。

　　中國文化的最早發源地不在黃河流域，而是在其支流的渭水、涇
水、汾水及洛水一帶，這已是後期了，因中國最古的文化並非在水
邊，亦並非在平原，而是在高原上，可稱為高原文化。故並無所謂西
方人的在搖籃中孕育的文化。埃及、巴比倫的花是在暖房中培育出來
的，而中國的則在山地上，經過日曬雨淋，並非花，而是松柏，即便
是花，也是梅、菊之類。

　　所謂氏族，中國古代均稱氏，如神農氏、烈山氏、軒轅氏，直到
春秋時代，尚有氏之稱謂。

"氏"者，段玉裁《説文解字注》云：

> "巴蜀山名岸脅之旁箸欲落墮者曰氏。"

堆即自𠂤，石堆也，有稱為山堆、山阜者。"𠂤"或"𠂤"，即"岸"字，"山"表形，"干"表聲而已，"氏"即"阞"，即山旁有一塊東西好像要掉下來。故許慎説："氏者，巴蜀名不一定對"，與許慎同時之應劭説："天水有大坂，名曰隴坻，其山堆傍箸崩落作聲聞數百里。"（《説文解字》）山堆即山阜、山崖。

《晉書》〈地道記〉云：

> "漢陽有大阪，名隴坻，亦曰隴山，郡處其西，故
> 曰隴西，其山堆旁崩，聲聞數百里。"

此處所説之漢陽即漢水北，阞即氏，𨻶即阺，"自阝"是不明白而特意多加上去的，氏即阺。阝即阜，𠂤者，許慎云："秦謂陵阪曰阺"是對的，故氏與阺實乃同一字，而許慎將之分成兩個字，其實秦（陝西）蜀（四川）的説法是相同的。

氏摔下來時，聲聞數百里，因四川的楊雄在文中曾説："響者氏隤"，氏即阺。許慎《説文解字》中引用揚雄此句，説這是四川人説法，但其實陝西人亦如此説法。

總之，氏即高山上之土堆，可以居人，也可耕田，因此住在那裏的人，叫某氏某氏，這是我錢穆的獨有見解。

"民"字是從"氏"變來，即是"𡧇"，故《康熙字典》查"民"字在"氏"部。住在氏處的人叫民。人即民，民即人，民非君民之民，是無階級的。梁啟超説，民即老百姓，是被統治階級。其實，民不分階級，例如"厥初生民"（《詩經》〈大雅・生民之什〉），"民之初生"

（《詩經》〈大雅・文王之什〉）。古代大部分人住在山上，故稱某氏某氏，即"胙之土而命之氏。"（《左傳》〈隱公〉）古代女子稱姓，男子稱氏，姓統而氏分，如姓姬者，即凡姓姬者即屬同一血統，氏是分開的。

由於古人農作物種在高地，人便居在山上，字寫作"𣎴"即氏，加氏即成民字了。但在書上並不說古人住在山上，氏者，山上住人的地方。

又一證明：

"邱"，從"丘"，可寫作"𡉟"或"𠂤"或"𡊃"，"一"即地，人住在地上，𨙾即北。

《說文解字》云：

> "丘，土之高也，此字從北從一，人居在丘南，故從北。"

《爾雅》云：

> "小山叫丘。"（爾雅中找不到此句。只有《爾雅》〈釋丘〉非人之曰丘。）

《廣雅》云：

> "小陵曰丘。"

總之，丘是土之高也，人住在高地上也，也有寫作"𠱠"的，即二人住在丘上。何以人居在山上？

又一證明為：以下可參考錢穆著，〈中國古代山居考〉，《中國學術思想史論叢一》含有如下內容：

《廣雅・釋詁二》云："丘，居也；丘，衆也。"

《孟子》〈盡心下〉云：

"是故得乎丘民而為天子。"

《管子》〈侈靡〉云：

"鄉丘老不通睹，誅流散，則人不腓 。"

《莊子》〈雜篇・則陽〉云：

"丘里(丘里者，合十姓百名而以為風俗也)。"

《周禮周官》云：

"九夫為井(夫，家也)，四井為邑，四邑為丘。"

這時候的人已不住在山上，但"丘"字仍作為人居住的社會單位，故不叫村而叫丘。

《左傳》云："王曰，是良史也，子善視之，是能讀三墳五典，八索九丘。"形容人學問廣博，讀過這些書。漢人注(賈注)，九丘即九州亡國之戒，九丘即指古代的歷史也。説明此人研究古代史很清楚。另一種説法，九丘，國聚也，以國名丘，可見從前國家的人民住在山上。由以上可見"丘"有三種解法。一為人住在丘上；一為鄉丘、里丘；一為國丘。

又：虛，即大丘也。《易經》上説："升虛邑。"可見此虛是高的，升者，要建高之意。

歷史上説：魯為少皞(少皡)之虛，衛為顓頊之虛；陳太皞(皡)之虛；鄭祝融之虛，晉實沉之虛。即《左傳》上説，這些國家都是住在山陂上。

又如曲阜，即高地也，今仍可見。

陳國叫宛丘，亦是"丘，即𨺹。"

又如唐，所居之處叫陶丘。

我國古代這些事實，因有史書記載，可說是世界上獨一無二的。

又有一證明："舜居蒲阪。"阪即山陂。章太炎曾作〈神權時代天子居山考〉一文，此文為一創見，但有二病，一為神權時代用於中國不妥當，此乃模仿自西洋。章曾見過日本人譯書。曾云天子居山，即民眾居下，這就不對了，民眾當然也居山，正如梁山泊上一百零八條好漢均居住山上，朱貴只是派往山下而已。

又云：京，絕高丘也；或云：人所居高丘也。周人居鎬京，即人居於高丘。

《詩經》〈小雅・北山之什〉："如坻如京。"是說農民收成之本，坻即坁，坁即氏也。

《國語》〈晉語八〉"趙文子與叔向游於九京。"九京是指死人葬地，古人葬死人即葬在家中。

我人可由九京聯想到：九原亦是人死後之葬地也。據《說文解字》，原是野，是平野，是高的平的野，故原者，是"高平之野，人所登。"

《說文解字》：

"四方高，中央下為丘。"

《詩經》〈大雅・文王之什〉：

"周原膴膴。"

《左傳》〈僖公〉：

　　"原田每每。"

"原"是高地。段玉裁《說文解字》云：

　　"凡陸自陵阿皆高地。其可種穀給食之處皆曰原。"

即高地上可種田處叫"原"。故鄭康成注"原"曰"高平曰原。"
《史記》〈夏本紀〉云：

　　"既修太原。"

《史記》〈五帝本紀〉云：

　　"邑於涿鹿之阿。"（阿即高地）

《穆天子傳》〈卷五〉云：

　　"天子西征，升九阿。"；"平陸。"

"陸"亦是高地，今日人說大陸，是不對的。因黃河、長江流域
均非大高地也。高地可種穀處叫原。高而平的才可叫原。今人稱"民
阜物豐"。此處人多何以用"阜"字，因為古人住在阜上。

　　由以上諸證，即可說明古人住在高原。穴居者，是在地上挖洞。
《墨子》〈辭過〉篇說："古之民，未知為宮室時，就陵阜而居，
穴而處。"

　　"就"者，即是往高地而居，因當時古人還不知道在平地上造宮
室而居。所以就在山地上挖洞而居也。

三、古人住在山上

上節談到的"陶復陶穴"。據徐諧解釋是在地旁巖下築室。馬融的〈長笛賦〉云："峪窖巖窨"。徐諧的注釋即是根據馬融之說而來，故復即窨，說明古代人穴居在山洞。

《荀子》〈解蔽〉曰：

"空石之中有人焉。"

唐時人注曰：石，穴也。荀子時，仍有人住於穴中。

《詩經》〈豳風・東山〉曰：

"洒掃穹窒"。

"穹窒"兩字均從穴，以上證明是古人的房子是造在高地。"厂""𠂤"兩字之意，即是因巖為屋之意。

例如"廬"字，照理此屋應造在山上，但今人是造屋在田間之意，但觀其字形是造在山巖處。

又如"庶"字，人口眾多，所以用"广"旁，因古人本是住在山巖處。

又如"民阜"，即人口多是住在山巖處，阜即"𠂤𨸏"。

又如"危"字，用"广"為偏旁，是說人在屋脊上，故危。范座因上屋騎危，故從《說文》中便可了解古代社會。

中國古人何以要住在山上？一說，人為要避洪水，故居山上。《孟子》〈藤文公下〉曰：

"當堯之時，水逆行，氾濫於中國，(指氾濫於平地)蛇龍居之，民無所定，下者為巢，上者為營窟。"

按孟子時，人民大都已住平地，但根據“營窟”二字，即證明人住於高地。此處孟子所說，與《易經》、《墨子》說法不同。

古代稱人曰有虞氏、有夏氏、陶唐氏，……但對殷不稱有殷氏，故稱殷人、周人，可見殷周時已搬下來住，不住高地了。故如用人與氏來分別的話，商代後可說今代，夏代前可稱古代。

古人對黃河當時仍不能作有利於農業灌溉之用，至於黃河諸支流，也要等人對農業知識極高時才有用。

總之，中國古人何以住山上，尚待吾人作實地考察之研究。

四、氏與族的分別

我們可稱古代為氏族社會。

“禹會諸侯於塗山，防風氏後至。”所謂禹會萬國，在古代無國只有氏，故此處稱防風氏，而不叫防風國，一個氏即一個部落，這部落是住在山坡上，故名叫“氏”。

“族”者，即在一面旗幟下面，大家拿着一支矢，這是遊牧民族，所遊過之處，他人不得侵犯。“物”字從牛從勿(勿即旗也)。物有多種，神怪亦叫物，《康熙字典》解物字有七八種說法。物本來是分別之意，何以又作神怪解？滬語“勃相”，即是“物相”，物可讀作勃，考察之意。故“物”者是在旗上畫一個手，這證明古代是圖騰社會。

今由“物”講到“族”，族是到處去打獵，帶着弓矢，是個遊牧社會。“族”是可遷徙的，“氏”是較安定的。

至商代時，人民已遷居至低地。但種麥者仍稀少，此時亦沒有稻。由氏族兩字來看，我國古代社會是遊牧兼耕稼。可能遊牧民族住在平地，而較高的耕稼民族反而住在山坡上。要待人住在平地耕種時，需要有堡壘防禦，但當時仍無城牆，相傳鯀發明築城以防洪水，但待考。

我人可根據"黃帝軒轅氏邑於涿鹿之阿"一句，來説明當時是否有城？

農業民族與商業遊牧民族，前者是和平的、長住的、無爭的；後者則是戰爭掠奪的、流動的、爭奪的。

農業民族沒有防禦的必要，四海之內，皆兄弟也。故沒有國家和團體觀念。西洋人有悲劇，有驚險，因為是商業的；中國的農業則平淡無奇，亦無驚險。

氏有地域觀念，後來轉而為家族觀念。因此由氏族社會轉而為宗法社會。侯字有矢，是用矢射中酷的封侯，這是遊牧社會的制度。

古代的中國人是平鋪的，散漫的，物質是貧弱的，但可自供給足，因為窮，因此沒有奢侈，西洋社會是吃了奢侈的虧。中國則否。中國社會是散漫而不團結，但相安無事；自小處講，多成家庭觀念；自大處講，則變成國家觀念。

我在以上提出了兩個觀點：一是"氏族社會"；一是"黍稷經濟"。

第二篇　古代封建社會

本章講到封建社會。西方的封建是一種社會形態。中國的封建則是一種政治制度。

講到周代的封建，可參看《國史大綱》，現在來講封建時代的宗法社會。可能周公發明了制禮作樂。宗法社會與封建政治是相互配合的。

宗即𤇇，即祭也。宗法有兩種說法，嚴復譯的《社會通詮》比馬克思的說法妥當。

祖宗二宗來自宗法社會。

一說：別子為祖，繼別為宗。程瑤田為清代乾隆時人，著有《九穀考》與《宗法小紀》，二書極為精要，寫得極好。我即根據其說而加以發揮之。

一、西周封建政治下的宗法社會

祖即開始之意，如果一父(稱為始祖)生下四子，都是二世，但只是嫡長子可繼別為宗，才可以傳承，其他二、三、四子都是庶子，不可為宗，不能繼別。父子可以同居，但兄弟不能同居。兒子接上父的，名叫繼別，並且要祭祖宗。規定有數子時，父有大房可祭，管宗廟的只有一家，長子才可主祭，因此每有一房兒子，長大時讓其獨立，使其經濟獨立，故有了井田制度，這就名叫"異居同財"。故大房長子主祭管廟。

所謂"有餘則歸之宗，不足則資之宗。"(《儀禮》)直至今天，宗法幾乎破壞，但異居同財之法則仍有保存之處，今日仍未破壞，即仍保有祠堂。祠堂每年有祭，由有錢的人出，如有窮寡疾病的，則由祠堂出。有祭田，有學田，此即有餘歸之宗，不足資之宗之意。此所謂敬宗收族。

程瑤田說：宗法制度是兄弟制度，不僅是孝，且亦有悌，因父子是無問題的。

中國到士才有祭，庶沒有祭了。

清代人有創農宗，即所謂農村宗法的。今日中國的宗法破壞了，故須另有新制度。

程瑤田的《宗法小紀》為清人所推尊。不過他的說法跟我們有一不同之點，我們在政治是分成數階級的，即是：

(1)天子諸侯公卿

(2)大夫士(戰國前的等級觀念為大夫排於士之前，故稱大夫士)

(3)庶人

但程氏以為大夫士有宗法，而天子諸侯沒有。

人類的最原始是天，但天造人之說是不必也是不可能的。以全人類言，人祖於天，按宗教說是天創造人；而科學家說即西方人士說，人是由生物進化而成。但中國人講人的原始，只是講祖，如周的祖宗即是后稷。

《詩經》〈大雅·生民〉說：后稷之母姜嫄，一日外出，見路上一大足印，踏之肚動，懷孕而生后稷，起初擲之於林間，又拾回將之擲於草地，曠野有牛羊餵他；擲於冰中，但有鳥暖他，因此姜嫄又將之拾回，取名為棄。長大後教民稼穡。后稷必有其父，也必有家庭。

樹林中有樵，草地上有牧人，可見已有農牧，他後來教民稼穡，不過他對農耕種田特別有研究，但並非他創造農牧，其實，在他以前已是農牧稼穡的世界。

后稷以前已有人，所以稱他始祖是有道理的。由於太早的事講不明白，即北京人已有五十萬年歷史；但歷史可講的只有數千年。故推出后稷為稼穡的始祖，不過只是舉出一位代表。

"百家姓"中，每一姓均有一祖宗。此一祖為歷史上之大人物，他以前的即不提了。這是周公的巧妙發明，以文化有關的大人物為主。故我人稱黃帝子孫。

從"氏族學"可知每一姓均有"祖"，宗法最重要的是"祭"。死人是天，生人是人，死生即天人關係。中國人稱皇帝為天子，商代人認為天子為天所派下。周武王滅商稱天子，但周公主張百世不遷之大宗是周文王而非武王，文王只是西伯，只是一諸侯而已，周公要以文王為始祖，並給已死的王以謚法，如文、武、成、康，代表象徵其一生事業品德。

文王活着時並非王，這叫做追王；周公即主張不應以武夫打天下，只有文德才可統一天下，說明武力不足恃。故舉出文王為周代開國第一代。文、武、成、康都是長子相傳，稱為嫡，是為宗子的規矩。

商換為周是大問題，周公說：上帝(天)並不叫一個人管天下，因商前有夏，壞人有撤換，讓好人出來頂替，將來周管治得有了問題的話，上帝也可命他人來管法天下。

周公仍封商之後裔於宋，夏的後裔於杞，凡有一祖，均封以地，但全國均應祭文王，社會上每一人均應祭后稷(神)，因此使周之地位凌駕各部族之上，他以稷與文王來服天下，他規定每一國均有一廟，但魯國的廟只能祭周，不能祭文王。又由魯分出的齊，只能祭姜太公，（按：姜太公與周文王同時。）以前的不管。

只以始遷祖為祖，每一國有一祖，後來魯國分為三家，即一：孟孫，二：叔孫，三：季孫。全國最大祭周文王的廟只有一所。

中國庶人無宗法，但自天子推算下去，為程瑤田所未及見。

周用宗法制度來實行封建制度，以長子傳諸侯，其餘的兒均封出在外地，各賜地一幅。此為周代首創，與商代之兄終弟及不同。

二、西周的井田制度

西周是封建、宗法和井田制度三者相配合的。

古代人民有很多氏族，如姓姜、姓姬的，姜是戚，除封姜、姬外，還有封別的，即謂之“興別國，繼絕世。”故又封商、夏、舜、堯、黃帝、神農、伏羲……等氏族，故周朝的封建是遍及於各部落的，不僅土地，而且仍任由各族保留其原風俗習慣，不過設立宗法得依照周代制度，例如：

《左傳》〈哀公〉云：

> “晉執蠻子以畀楚，楚司馬制邑立宗，……以誘其遺民，而盡俘以歸。”

此處所說“蠻子”，即是指住於洛陽之南晉楚之間之人，“制邑”即封劃出一幅土地。“立宗”即立一廟。

西方人是每一城事奉一神，沿續是後來成為統一之宗教信仰。中國則每一城有一祖，如曲阜之祖為周公；臨淄之祖為太公；一切均源自周文王，故中國是人本主義者。西方人則由多神而統一成一神之基督教，但到了文藝復興時期，則為近代歐洲之由靈返肉之主張，而重視商業藝術以致演變成今日之“唯物史觀”。

中國是政治代替了宗教，文王之本家姓姬，其外戚即為姜太公。

周代之封建可說是一種武裝墾殖。中國北方在三千年前是無人居住，只有畜牧民族流動散居。周代的封建是有動靜的，有姿態的。例如《詩經》〈大雅·蕩之什〉中說：

> “王命申伯，式是南邦，因是謝人，以作爾庸，王命召伯，徹申伯土田，王命傅御，遷其私人。”

此節《詩經》是說：當地有謝人住，但無城，於是王命申氏去圍築一城，召伯是在申伯附近，同為本家，徹為開闢，即請助造一城，開闢土地，王又命申伯一家人搬去住。

漢晁錯勸漢文帝移民殖邊，《漢書》〈爰盎晁錯傳〉曰：

> “臣聞古之徙遠方以實廣虛也，相其陰陽之和，嘗其水泉之味，審其土地之宜，觀其草木之饒，然後營邑立城，制里割宅，通田作之道，正阡陌之界，先為築室，家有一堂二內，門戶之閉。”

此處所說“相其陰陽之和”，是指察看陽光、風雨以決定朝向。此段文是講述古代之封建情況。即是談及封建制度之形成。古人的產業及權利義務，在井田制度下，人人平等，故稱平民。井田制度破壞以後，人民就不平等了。這種封建，可說是武裝的墾殖。

所謂封疆者，即封起一塊地，用寬的平的高的為城圍住，內有廊，可住人，有屋有街道。

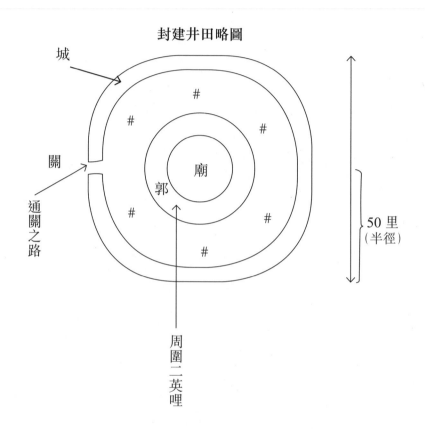

封建井田略圖

三、井田制度破壞後的履畝而稅

《左傳》魯宣公十五年（即公元前五百九十四年）："初稅畝"。

井田制度破壞後，改為賦稅制度，此與經濟政策有關。但二者非一，賦稅為國家之財政問題；經濟政策為國家政治上之理論政策，此又關連到土地制度。

《春秋穀梁傳》〈宣公〉云：

"古者什一，藉而不稅⋯⋯井田者，九百畝，公田

> 居一。私田稼不善，則非吏；公田稼不善，則非民。
>
> 初稅畝者，非去公田而履畝，十取一也。"

古代的井田制度是將一整塊土地劃成九百畝，中間的一百畝為公田，其餘八百畝為私田，如果私田的收成不佳，則責備吏；如公田收成不好，則責備民，因公田是由八百畝的八家私田佃戶所種，公田收成不好，故要由種私田者負責。"初稅畝者"，即將井田制破壞，取消了公田，全部向私田取十分之一的稅收。

《禮記》〈王制〉云：

> "古者，公田，藉而不稅。"

漢代初年，距魯宣公十五年不遠，可見改為履畝而稅的事，雖無確切證明，但是人人都知道。《左傳》〈宣公〉中說：

> "初稅畝，非禮也；穀出不過藉，以豐財也。"

一塊井田的九百畝地，由八家共配一井，公田居一，九百畝地分成八家，由政府配給人民，名叫"受田"和"授田"。二十歲時賜給他，六十歲時由政府收回，如十八歲能種田的話，政府另給一塊，叫"餘夫"。後來有人說，井田制是後來的人託古改制而偽造的。但這個說法有問題，因井田制並非單是記載在一本書內，而是很多古籍中均有記載。《詩經》〈小雅・大田〉中亦說："雨我公田，遂及我私。"可見《詩經》中即有公田與私田之稱。

"初稅畝"者，意即開始要抽取田的賦稅。藉者，助也，借也，可說由八家共同種公地，可謂"四海之內，莫非王土。"因此有"雨我公田，遂及我私"之句。

"吏"是教八家種田之人，教的是曆法，正如管宗廟的人要懂天文、節氣，用來告知種田之人，至今仍稱為時令，令者，即政府派人告訴農民何時該下種，何時該作甚麼等等，以及如何種田，民眾不得不接受貴族之令，因貴族懂天文曆法。私田收成不好，責備官員；公田不好，則責備人民。因幫助種公田，故不收賦稅了。所以後來要改變為"初稅畝"者，可能人民只是種私田，而忘記了公田。因為人是先私後公的，除非是聖人。因此後來去公田而履畝，抽十分之一之田賦，公田便沒有了。

由於井田制度破壞而改成履畝而稅後，以後就大變了。封建時代的土地所有權是貴族的，有所謂井田制的私田公田，後來多請一家來種，去掉公田，收十取一之稅。由於政府懶於調查，因此取消授田之方法，只顧抽稅，並且人心貪多，擴大田界，多種了二十畝，只要多抽稅便可，因此阡陌沒有了，種到原來的田界以外去了，這叫做"認田不認人"。因此政府只看重賦稅制度而不重視經濟政策，甚至於人民可多種，可兼併別人的，也可買賣田，因此造成貧富不均，但中國向來無農奴。

據《史記》〈商君列傳〉記載："商君相秦……為田開阡陌封疆，而賦稅平。"因而廢除了開田。又據朱子〈開阡陌辯〉一文所說，所謂阡陌，是田間之道。即朱子說，開阡陌是破壞剗削之意，並非創置建立。

從前是井田，授田一百畝而受田，且要還田，並替公家種一百畝，但現在不需要了，只需要繳租。

從前的阡陌是很寬的，但後來侵入了阡陌，而破壞阡陌後，即是所謂賦稅平。這樣一來，變成種田人是自己的田了，只抽賦稅，是按照畝數多少而收稅，變成耕者有其田，這與"莫非王土，莫非王田"不同，即是土地所有權轉移了，由公田而變私田，由屬於政府的而變為耕者所有，這變更轉移非政府的成文法，而是不成文法的習慣，這些田在民間亦可買賣，政府不管，因此自戰國時起有了兼併，但戰國前的土地是國家所有，不能兼併。

戰國時蔡澤在其著作中講及商鞅為秦孝公："決裂阡陌，以靜生民之業，而一其俗。"（《史記》〈范睢蔡澤列傳〉）決裂即撕破，朱夫子見了蔡澤之言，而說破壞，這是說阡陌打通了，朱子根據蔡澤之言而說破壞剗削，遂成定論。

總之，是有寬的高的阡陌，阡陌內必是井田無疑。

《周禮》說：商鞅幫秦國人開阡陌是說錯了，商鞅只是用東方人的辦法搬去西方使用，其實，東方早用此法，太史公並非說商鞅為首創開阡陌者，故"商君為孝公……決裂阡陌"並非首創，但幫助秦人開阡陌而已。

但是，阡陌至漢時仍有存在，匡衡得政府所封之地，叫"陌"，原有規定的界線，但多劃了屬平陸君的四百畝地給他，可見阡陌是很闊的大路，且到漢代尚有存留的阡陌。即是說，到漢代時尚有阡陌的遺跡。

但朱子疏忽了一點，只講太史公的開阡陌，卻並不講及"開阡陌封疆"之封疆。錢穆老師對"封疆"兩字有專論：

《周禮》〈地官司徒〉云：

> "凡造都鄙，制其地域，而封溝之"、"乃建王國焉，制其畿，方千里，而封樹之。"

此周禮所說之都是指城內，鄙是指鄉下，封溝之"封"字是名詞，而此處將"封溝"二字全作動詞用，即挖掘之意。又"封樹"二字亦是名詞作動詞用。

《周禮》〈地官司徒〉又提及鄰、里、酇、鄙、縣、遂等地方單位，"皆有地域，溝樹之。""溝樹"即將挖起之土變成封，再種以樹。

《周禮》〈地官司徒〉又云："以疆予任甿。"此句意即將疆送給流氓。甿，即農夫而成之流氓也。

井田是一種王者之政，與西方之有農奴有所不同。

封疆太高的即成長城，秦始皇時將長城拆掉，只留下北方的一部分，故將以前四國(四國即魏、秦、趙、燕)相連而成一長城。此時井田制已成為耕者有某地，再而造成兼併。

第三篇　春秋與戰國時期土地與工商業

一、土地的耕地與非耕地

我們國人的觀念看重土地，西方的古代人則看重人力(勞工)。

春秋時代土地為貴族所有，"四封之內，莫非王土"，起初並非收賦稅，也不是要人民做奴隸，後來改成收地稅後，即貢十分之一的稅之後，土地所有權即轉移了，但這並非革命，亦非立法造成。

土地後來分成耕地與非耕地兩種，非耕地是指有山林池澤的水草地帶，即所謂 "水草沮洳"。池塘可養魚，水草地山林地有禽獸，可捕獵。

周代是要祭祖的宗法社會，是在習武時在山林中捕獵到的獵品，拿好的來祭祖，貢獻給貴族，將次貨才分給自己享用。如射魚亦然，將大魚給政府取去作祭品，小魚則大家分享。

耕地是分配給平民的。非耕地是貴族自己擁有，平民不得進入非耕地的禁區；管山林的叫 "虞"，管地澤的叫 "衡"；當時孔子幫季孫氏看牛羊，名叫 "乘田"。"虞"、"衡" 是政府所派的戰員。又如政府僱人製造車輪，叫做 "輪人"，是世襲的。又如貴族命工人將獸皮製衣，成為 "裘氏"。

春秋下半期有了盜賊，多在山林中出現，政府派軍隊征伐之。這些盜賊是個人零星的，因此無法捕捉，只能派人專在路口守候，並沒收其貨物，亦稱 "征"。但此 "征" 字的意義已與前不同，故演變成今後對商人的抽稅。

盜賊者，不去耕田而侵入禁地去作非法的謀生，卻因而開了此後的自由工商業。孔子學生子貢，初為外交官，後來在途中帶土產作賣買而賺錢。子貢可說是中國商人之鼻祖。較後為范蠡。（後人說范蠡為陶朱公，可能不可靠。）商人第三出名的為白圭，亦是政治人物兼營商業。

起初時一國只有一城，但到齊國時已擁有七十餘城。成為城市興起，即戰國城市發達，故商業亦隨之而發達了。

二、大城市興起

歐洲人的城市興起，即商業興起；亦即是中產階級的興起。

臨淄在戰國時是商業兼政治中心。戰國時齊有七十二城，臨淄為最大者之中心，此是孕育而增新的，並非新的打倒舊的；中國有的所謂"革命造反"，並非進步，可能只有退步。

自社會形態來說，戰國已與從前的有變了，有所不同了。據《戰國策》〈蘇秦為趙合從說齊宣王〉對當時臨淄的描寫道：

"臨淄甚富而實，其民無不吹竽、鼓瑟、擊筑、彈琴，鬥雞、走犬，六博、蹹鞠者。臨淄之途，車轂擊，人肩摩，連衽成帷，舉袂成幕，揮汗成雨，家敦而富，志高氣揚。"

又《史記》〈蘇秦列傳〉曰：

"臨淄之中七萬戶，臣竊度之，下戶三男子，三七二十一萬。"

此處並非是五口之家，五口之家最多一壯丁；如照五口算，已有三十五萬人，照此算，最少已有五十萬人。

齊國七十二城中最小者是薛城(孟嘗君受封地)。孟嘗君招致天下任俠奸人入薛中，(漢代時有游俠，俠者，挾也。)蓋六萬餘家。由此可知此小城只少有十萬家，亦可達五十萬人。

又如吳國，楚滅吳後，楚黃歇封於吳，叫春申君。今日上海叫春申江，上海的那條水即叫黃歇浦(即黃浦江)。當時春申君造的城，周圍有四十七里二百一十步二尺，即此蘇州城有八門，門上有樓，稱為陸門。另有水門八座，城外有廓，(廓即外城)周圍有六十八里。但戰國時春申君封於吳只是一偏僻小城，與臨淄、邯鄲等大城不能相比。太史公到過江南，特別去看過春申君時的城及其宮室，說道："盛矣哉！"

戰國特別出名的城，名"陶"，陶為天下交通中心，這只是座普通城。

中國文化可大可久，且其歷史之進步，均在和平中長成。春秋到戰國，社會變了，但沒有革命，但管治的王千年來一直在變，這其中值得研究。

從臨淄城的描寫，可知當時人民非農奴，亦非地主階級，而是中產階級。臨淄有一稷下，有孟子在講學，他的生活是"後車數十乘，從者數百人。"古代一車用四匹馬拉，可見當時的文化情形，已與意大利之文藝城市相似，且是有統一的政府，更已是現代化的國家了。

三、工商業興盛與社會分工

　　齊國人種桑麻，因此人民多"文采布帛，衣履冠帶天下"。
(《史記》〈貨殖列傳〉)齊國亦有大的水利興修，在戰國歷史上出了著
名的數位水利專家，如白圭、西門豹、史起、李冰等均是。今日李冰
建築的水利工程尚可見，即在成都泯江的水利工程，至今仍存，灌縣
今有"李冰廟"，當地人也崇拜其子，故稱"二王廟"。

　　至於水路交通與船隻運輸，據《史記》〈張儀列傳〉描寫四川到
湖北的道：

　　　　"舫船載卒，一舫載五十人，與三月之食，下水而
浮。"

可見戰國時代的船已極為盛大了。

　　至於錢幣，戰國已有大量發行，戰國已到了現代化的社會了。戰
國時已不是純農業經濟與農村社會了，因為當時已有五十萬人的大城
市了。

　　戰國時也出現了春秋時代所沒有的高利貸。例如：孟嘗君封於
薛，食客三千人；孟嘗君對來拜訪者均贈以厚禮；又如厚待食客，給
馮煖以魚與車，孟氏如此富有，乃是六萬家任俠奸人，來往經營，是
由孟氏借錢給他們而做高利貸。

　　此外，如平原君，亦有三千食客，春申君的三千客人均為珠履。

　　當時尚有周朝(東周)，周赧王時亦有人借貸，但是無法還，因此
有避債台。可見此時的資本經濟已到了相當繁榮的時期了。

　　春秋時之"從車"(當差)均由貴族參加，是用車戰。一車載三人，
一執鼓，一驅車，一戰，十分文雅。但戰國時作戰用步兵了，由平民

去打仗，如打勝仗，平民要受封地成為新富翁，規定割敵方多少首級可晉級，因此戰爭破壞封建，不能世襲了。

助人殺敵的人叫俠，有所謂刺客。

當時邯鄲女人跑遍天下，擅長歌舞。

戰國時亦產生了醫生，鬥雞者，玩樂器者，戰國當時最重要的工商業是鹽鐵。春申君可靠經營漁鹽致富。至於鐵的使用也要在春秋末戰國初才開始。

春秋至戰國時不但土地制度變了，且生活方式也變了。主要的城市為江南(吳)的鐵，及齊國產鹽。到了戰國，中國古代社會可說結束了。

清朝可稱帝國，因擁有新疆、蒙古等藩屬，但極寬大；如稱秦、漢為帝國則極不通，不能用西方名稱套入，應該自創適合自己的名稱，並標明其特點。

第四篇　古代四民社會

一、士

西方只有農工商，但並沒有中國之所謂"士"。"士"為四民之首，在《戰國策》、《管子》等書中，已有四民連在一起的稱謂，西方人有牧師、武士、律師等，但並無中國的士。

西方的封建時代只有貴族與平民，等到西方近代社會，城市興起了，有了中產階級。中國之"士"非中產階級，而是社會的領導者，說"士"才是知識分子也不妥，因農工商也可接受知識。

讀書人有其品格（流品），《論語》中說："仕而優則學，學而優則仕。"讀書人經考試及格方能任官，且是照地區分配，故與貴族的世襲社會並不相同。中國的政權，由士人任官，是一種"士人政權"。

中國人有任何宗教，但也可以說甚麼宗教都沒有，教人民的是士，做官的奉公守法。

總之，中國是四民社會，包括宗教、政治及社會，教主是孔子，教育出很多士人。因此，孔子在歷史上極為重要。

社會有時是變型，有時則是成型，但那並非絕對，不過是較穩定或較變動而已。

自井田制度破壞後，有自由的農民、工人、商人與學者，學者在當時社會勢力很大，可影響到整個世界（按此乃指中國當時各國）。例如：魯仲連時，當時各國欲帝秦，但魯不同意，故也不帝秦；魯只是平民，只是一學者身份，但可影響國際政策，可見學者地位之高。當時學者地位一般來講是很好，如孟子，他有後車數十乘，從者數百人。等於當時貴族，但這些學者只是由諸侯供養他們。

又如顏斶，他見齊宣王時，王說："斶前！"斶說："王前"，旁人問"士貴乎？王貴乎？"斶答："士貴，王不貴，聞秦有命令，誰取齊王之首有賞，但同時命令齊軍至秦時不許摧殘柳下惠之墳上一支草，可見士貴。"（《戰國策》〈齊宣王見顏斶〉）

又如孟子，有一次欲見齊宣王，齊宣王亦欲見孟子，但因病想召孟子於早朝相談，孟子便生氣說，不能去，又命僕驅車外行，孟子卻到別處去，只是說明王有事不能召他，要親自見他 。（《孟子》〈梁惠王〉下）

士人很貴，雖無生活背景，亦不事生產，只由貴族供養，但社會地位卻很高。

漢高祖是平民出身，但他得天下後，不愛重士人，故其政權人物都只是些他原來手下的平民和軍人，當時士人地位即不高。

二、商

在古代社會士人與商人不能嚴格分開。漢高祖輕視商人，而當時之社會已走上"商業"社會，固農民種田之出產有限，只能養一家，商人則無限，可發大財。

太史公《史記》中之〈貨殖列傳〉說漢朝之生意。太史公稱經商者曰"素封"，因戰國時各立王，王所封出的稱君，如孟嘗君、春申君、信陵君、平原君等，戰國時已取租稅，此被封之君，叫封君、凡一戶有二十萬資本，當時封一貴族(君)可得一千戶之租稅。太史公認為一位經商者所得之收入，與封君之收入相同時，此商人即等於封君，故稱之為"素封"。

太史公計算養二百五十四羨（豬），一年亦可得二十萬資本，（公孫宏家亦養羨）就可生活了。又如養魚，種棗樹，太史公均加以計算，種一千株棗，種竹則一千畝，……太史公所記述的，可分類為：

1. 吃的：醬油、米、鹽、魚……
2. 工藝品：木、銅、竹、鐵器……
3. 原料：革、絲、紵、藥草……

古代一經商者，例如一種橘者，收、送、裝運、推銷均由其一人經管，故需要很多人手。

漢代貨幣："一金"即"一立方寸的金"；一金等於萬錢，即兩種貨幣是一與萬之比，比數極大。

當時最高的官俸只一年兩千石，但平常八口之家只有一百石收入，尚要除去賦稅，在衙門做最下的職位得俸一百石，可當作一種田人看，但不必徵租了。

漢化規定賦稅是十五分之一，但實際徵收的稅只有三十分之一。二千年前，中國人已知道規定一律平等的賦稅了，為世界各國所無，且賦稅極輕。

後來漢代人覺得收入一百石不夠開支，漢代除租稅外，尚有服役，即義務勞動，如不願服役，則每兩百文錢可代一役。此外尚有人口稅，如不能擔負人口稅時，則可把自己的公民身份賣給貴族（富翁）為奴，該富翁則加倍為此人付人口稅，為兩百四十文。

這些為奴的，為主人做事，如往外地運送推銷貨物，這些人生活極好，衣絲乘車，但做事很能幹，女奴則命着華服唱歌跳舞以娛嘉賓。

太史公另有〈游俠列傳〉，主人為奴人加倍付人口稅二百四十文，故奴人可為主人從事生產。但有的人不肯為人之奴，因此有亡命，即由從有登記的甲地逃至乙地，負擔就逃避了。當時並無旅館，但當地有一招留的人，此人叫"俠"，由"俠"窩藏包庇亡命者，如被政府發現，則一同受罪，這些亡命者為報答主人，就攔路去搶貨財，並燒炭、鑄錢，或盜古墓，養魚……等從事一種不正常的生產，地方上不敢干涉他，因他們人多勢強，這些主人即叫"游俠"。如太史公特別注意其中的大游俠郭解。有一人住郭解附近，其人輕視郭解，並常用眼斜視之。這個人出不起役錢，但卻沒有人要他服役，後來才知道是郭君替他出了錢，這人深受感動，越發尊敬郭君。

漢文帝極為儉省，當時眾官員亦儉樸。皇后的服裝還不如待出賣的女奴衣服美，可見當時社會之奢侈。後來戰亂時，甚至有皇族的人向富強借債。

漢初社會富有活力，與近代西方一般，但中國人覺此種生活並不安頓，因此到漢代以後，"士"再抬頭。

第五篇　漢代經濟

一、重農抑商、鹽鐵專賣

所謂徭役者，徭是役，賦是田租。漢時的人貧富不均，當時有貨殖與游俠兩類人，後者則為不正當的奸利，因此有一部分人出來主張重農抑商。商人代表社會上的資產階級，農民則為勞動者。晁錯屬法家，董仲舒屬儒家，但他們均主張"重農抑商"。

董仲舒履行的是一種軌物主義，主張經濟生活應有標準與限度，即分為高水準與低水準的限度。人的生活不能高過一水準，不然，生活會趨於不道德與驕縱，但也不可低過某一標準，否則便不能過活。

以禮為標準的準則，此即西方人的所主張的"法"。高於或低於某一特定標準的人，此種人無法再施以禮樂教化，故經濟要有一限度，要納之於軌物，使合於一標準。此制在漢武帝時就正式推行，其中最重要之一項稱為"鹽鐵專賣"。

鹽鐵專賣：由於鹽鐵為每一國民所必需，故不讓私人獨佔，否則會出大毛病。因此鹽鐵要由政府官賣國營，這政策可合近代歐洲之國家社會主義，由國家來統制辦理是合理的。中國在兩千年前即有此種政策，且自漢至清代對某幾種商業，政府是永遠控制着的。特別是鹽，有鹽政。鹽務是專人管理的。

又如當時運米，由南方至北方，名叫漕運，政府有專人管理運輸。此為中國不能產生大資本家的原因。

中國古代有耕地，但有一種非耕地，為不開放的禁地，包括山澤。非耕地也開放而抽稅，政府設置二機構來處理這些事務，即為：

1. 大司農——管理收耕地的稅；

2. 少府——專收山澤的稅，為王室所用。

中國並不像法王路易所説"朕即國家"，因皇帝與政府的財庫是分開管理而使用，即"天下非一人之天下，天下人之天下也"，也不專制的。

二、經濟政策

漢代之經濟政策很切合當代社會主義之模型。

井田制度實施時，其土地所有權在貴族，有耕地(包括地與禁地)，禁地包括山林池澤，為"虞""衡"所管，後來土地所有權轉移，土地可自由賣買，有了兼併，成了耕者有其地了。政府認地不認人，只收租稅，這只是指耕地而言，但禁地的所有權並未轉移，有人以私入禁地去謀生，叫做奸利，開始時政府稱其為盜賊，因不易除滅，故設立關口向其徵稅，但這些禁地仍屬貴族。

農租是政府的收入，是公的，由大司農管；商稅是皇家的，是私的，由少府管，可見二千年前的政治已很進步。即在經濟上，兩者已分開了。

當時人們以為農租大，商租小，但事實不然，如封於江蘇的吳王，一方面有海水可煮鹽，一方面有銅鑛可鑄錢，叫做吳王錢。因此吳王極富有，比漢代還富，故開始有造反之心了。

漢武帝一攻打匈奴，大司農的錢用完了，但政府制度不能改變，稅收不能增加，因為祖宗的法不能改，因此漢武帝將皇家私款捐出來，並號召大家慷慨捐輸，當時有卜式響應武帝號召，慷慨捐輸。原來卜式是牧羊的，武帝即命其在上林苑牧羊，羊養得很肥，武帝問其故，卜式答道：“管理政治也不過如此。”後武帝封其官至九卿。當時亦有富人不肯捐輸的，武帝就位，山林澤海均是皇家私產，下令收回，自己燒鹽開鑛來捐給政府，於是燒鹽處派鹽官，鑄鐵處派鐵官，因此鹽鐵商人失敗了。

漢武帝時的鹽官可能專賣的性質多，國營的性質少。政府召集各地代表開大會討論鹽鐵政策，中央出席代表為大司農，其中有一代表將所討論的事項記錄下來，即是極寬的《鹽鐵論》，一直傳留至今。

武帝鹽鐵政策的背景，起自農租與商稅，可與今日之經濟政策會通比較。有民間反對鹽鐵國營，因為當時人民無法找到鐵製的小型傢具，但最主要是反對其經濟理論。

太史公司馬遷的《史記》〈貨殖列傳〉中說，經濟政策有五種是最好的，分別是：

(1) 善者因之，

(2) 其次利道之，

(3) 其次教誨之，

(4) 其次整齊之，

(5) 最下者與之爭。

其中政策最高的是“因之”，即是完全放任；利道者是指因勢利導，順勢引導經濟發展，政府從旁協助；再次教誨之，但光是教育並不好，因政府的智慧有限；整齊是一種計劃經濟，使一切經濟事業齊頭平均發展。“與之爭”是政府搶民間的生意，即是與民爭利，一切產業與生意全都為公。

太史公的理論是根據心理學，因大家都為自己，故最好讓私人自由，此理論為針對鹽鐵政策而發。這是道家思想，但不反對物質文明。

晁錯重農抑商，是法家；董仲舒是儒家，講教誨，講禮。自封建制度被破壞後，中國有士農工商四民，戰國時期出了兩種富人，當時富的條件要靠人力，耕種、製造、賣買、運輸都一手包辦，造成的兩種富人為〈貨殖列傳〉與〈游俠列傳〉中所說的。等到實行鹽鐵國營，政府講法治，上述兩種富人被打垮了。即戰國時期有四民，秦漢時期工商人發展太快，武帝時給工商人加以打擊，但農家遠沒有變。

三、士人社會

士在戰國時名叫游士，是活動份子。到了秦統一中國，士不能活動了，活動範圍變狹小了。戰國時代禮賢重士，社會自由發展到工商業，因此跑出游俠與貨殖兩種人。（按：貨殖那種人是指做生意一類的人）

漢代仍為四民社會，但以商人最為活躍，等到武帝用經濟的政策壓迫商人，商人武人無地位了，於是武帝重用士，自此以後，秦始皇以前的貴族政權沒落，漢高祖時實施平民政權，而武帝時成為"士人政府"，此後一直到清代均如此。

讀書人做官公俸兩千石，等於大地主，（以一百畝可收租三石計，要七、八萬畝地才能收到兩千石之數。）當時對商人有苛刻的條件和限制。

漢代尚有兩種制度，一種是"算緡"，此是一種資本稅，由商人自己承報，叫"自占"，即有兩千錢資本者，政府要收一百二十錢，這是營業稅而非所得稅。如不承報或承報不實者，可由別人告發，稱之為"告緡"。被揭發者的全部財產會被充公，而其半數則送給告密者，這是一種壞制度。近代孫中山先生的平均地權有點近似仿效此法。

自漢武帝的士人政策開始，"士"正式為四民之首，當時晁錯所採用的重農抑商政策，是以政治領導經濟，以學術領導政治。（美國以學者身份做大總統的，可以說只有威爾遜一人。）

綜上言之，春秋時期是封建社會；戰國則是變動的時期，到了漢武帝時則變成士為四民之首的社會，當時有言"遺子黃金滿籯，不如一經"（《漢書》〈韋賢傳〉）。由於限止商人，故不能成為資本主義，雖說戰國時已有商業，中國的絲織品當時更曾推銷到歐洲羅馬去，但沒有過分發展。

從前的社會分為貴族與平民兩種。貴族宗法由長子永遠世襲卿，其餘次中有做大夫的，大夫位置亦永遠由長子世襲，大夫之次子為士，所謂"敬宗恤族"，即大宗要永遠照顧到其他各族。《大學》上所說的齊家是指千乘之家，非指五口之家的小家庭。庶人沒有廟。當時大家族中沒有人生產作工經商，並養有大批奴隸的。

到了漢代，都是小家庭了，而不是宗法的，卻變成經濟的了，有錢可僱用奴隸，如有八百名奴隸幫其作事，但這八百人均各有家，但因付不起人口稅而成為奴隸，故政府只向地主收取，且是加倍收稅。但這些奴隸與羅馬的不同，是自由的，是商業團體，合夥的夥計而已。但人的聰明才智各有不同，並且努力的程度不同，故又會分出高下，那是必然之事。這是天生的不平等，所以有所不同了。

四、士族社會

1. 春秋之學在王官，戰國時期出現私家講學。

　　春秋時代，宗教與學術不分，宗廟即是學府。當時的學術，貴族反而不及平民。到戰國時代有先秦諸子出，有私家自由講學，當時稱為游士，只有社會講學，但沒有學校。到漢武帝開始，中央有國立大學；地方上的，郡國有學校，縣亦有學校。漢時有國家辦學校，有考試和選舉。年齡十八歲的可由地方保送至太學讀書，名叫太學生，太學中的講座（先生）名叫博士，一年可畢業，應試者可選甲或乙科，甲科畢業的可做郎官，即擔任中央侍衛，乙科畢業的可做吏，即擔任地方行政人員。

　　郎官分發出去任各級長官，均須先在皇宮中做侍衛，然後再分發到各地方去做官。如果任吏的治績或品性優良（按：察舉並非完全按照成績，而更多以賢能孝廉家世等作推介，其後再考試），便可受察舉而做郎，每年每一地方可察舉一至二人，去中央政府做郎，可見政府官員都是從郎中加以選任。這便稱為士人政府。所以自武帝以後，中國讀書人，即士人，士的地位提高了。中產階級的士、農、商地位亦不如士。軍人不再打仗，出路沒有了；貴族也沒有了。故這個社會可稱為是士中心的社會。這是由士領導的社會，如此由漢代直到清末，都是如此。

　　今日的社會已在變型中，後果則不可知，是照中國原來傳統的呢？還是照資本主義？抑或馬克思主義，已不可知矣！

　　如果照傳統的理想，是以學術來領導政治、由政治來控制經濟。

　　士在戰國時期的活動力很強，一個士的手下可以有數十甚至數百人來跟他學習，各國均看重他，士的生活優美，但他們是平民，是小家庭，不如卿一般有百乘千乘之家。但在漢代大一統的政府下，游士沒有活動的餘地。戰國時有人養士，但漢代開始，士已沒有憑藉了，變成半耕半讀了，即是做農民在鄉間讀書。中國的農村在冬天間了，即農隙時期，就可做學問，此外尚有牧豕的公孫宏、樵柴的朱買臣，均在生活空閒時做學問，這是在武帝以前的情況。

2. 漢武帝以後，有國立太學及郡國學校，亦有考試及察舉。

到了漢武帝以後，士人政府出現，政府均由讀書人參政，讀書人因為熟悉經書可做大官，漢代的三公九卿，地方的郡太守，其公俸均為兩千石。照當時的米價一百文一石來算，兩千石即價二十萬文，等於二十金(即二十斤黃金)，(一金等於一立方寸，等於一萬文錢。)太史公的〈貨殖列傳〉中說：漢代封千戶侯的，歲入共二十萬，這叫"封君"。漢代所以給一大官二千石俸，等於封他一個千戶侯。但其不同之處是，封千戶侯是貴族，可世襲，但不問政治。但現在的官，非貴族，不能世襲，只是做政治上的官。

漢文帝說："百金中人，十家之產。"（按：中人指中等人家）漢時人有十萬錢者可算是中產之家，故做官有二十萬文等於兩個中產之家，做官的富且貴。而且因當時人們不願去營商，但願意上太學，因此武帝以後，社會上聰明的人都到學校去求學了。

漢代有一百零三郡，每郡有一太守，再加上中央的三公九卿，還有其他的大官，至少有一百一十人以上，且每隔數年要換，如此經過數十年後，讀書人做大官的家均變成富有的家庭了。士的家，社會地位提高，經濟狀態改善了。

古代貴族家庭，照周公定的宗法，平民社會是一家五口至八口，以一夫一妻為主，可有三代。士人在國立太學讀五經，就讀到周公的宗法。

漢代的讀書人有了錢後，便來倡導敬宗恤族的事，其中一子做官有了錢，在家中替父立廟造墳，要去祭，於是三子與長、二子均一同祭，這團體成了"通財"，是一個團體，所謂"家累千金"，"盡散九族"，均把錢分給兄弟兒女諸人了，故自漢代以後，士人漸漸成了士族，是謂"聚族而居"，此與古代貴族有所不同，古代貴族是周公所封，封建社會破壞後只有平民社會了。這並非是政府所封，是非世襲的。但這種士族形成後，子孫讀書便容易了。因此這一族的子孫進入太學及入政府做事的機會便增加了，因而一個家族中讀書人多，做官的便多，後來在當地成了大姓，即成了士族；也因此附近的小家永遠爬不起來。這些大家族後來又從士族演變成漢代的門第，或稱為"門閥"。

門第者，即一個家族數百年下來均讀書做官，有了家族淵源。"門第"必定有"郡望"（例如陳郡謝氏、太原王氏等）。漢代的考試與選舉制，是分區選的，一郡中二十萬人可選一位，如郡中有一百萬人者，便可舉出五人，這是分配的公平，由每一郡舉人至中央政府，舉出去的人在中央政府任職。由於門第的祖先家族本來在中央就有很多人做官，人人都知道，逐漸形成地方州郡上的名門望族，這便叫郡望。由於二十萬人中只能選一位，故往往被推舉的，便是這些聲名較顯彰的郡望子弟，使這些門第家族越來越多人於中央任職。而當兩家門第互相配襯，政府和社會的中心勢力就越發落入門第手中了，是為"書香傳家"。這並非政府讓他們這一族有此特權，造成這種風氣現象，是由於除了門第外，不易找到書籍，而且選舉有舞弊，講人情和關係，故此全國成了讀書門第的勢力了，且是根深蒂固的。

西漢開始有士族，東漢開始有門第社會，這與經濟不相干。這社會的演進是從四民社會到郎吏(士族)社會,再進到門第社會,但這均是以士為中心的社會。

我們又稱門第為新的貴族,戰國時這種社會,是平流競進,活潑的,生動的,各人可找出路,均可往前,有進取,有前途,這社會一直在產生士人,政府、門第社會才又趨於安定,但這並非由經濟決定。

第六篇　魏晉時期門第社會

　　社會的分期是相當難的。關於魏晉以下門第社會的成立，先要說一說漢武帝以後，此一時期的士人政府的政治意識，因由半耕半讀中產生，故他們是走社會主義的路，獎勵重農抑商，要求社會經濟平等，生活有理想秩序。

　　王莽新政府，最重要的政治政策是"王田制度"，即土地收歸國有後再分配，即是要恢復古代的井田制度。

　　王莽時有鹽鐵官賣，又改革幣制，認為改革幣制就可解決豪民兼併、私鑄錢幣、貧富不均等問題。

　　王莽失敗後，東漢出，士的地位日高，但商人的地位依然存在，其中最為突出的叫做豪人。（按：豪者，原意為動物身上之毛之長者。）東漢時期仍是貧富不均，一個家不易有世襲性，但一個大的士族則容易繼續而帶有世襲性。總之，門第社會出來後，商人仍有其勢力。此乃由於門第社會的人仍然脫不了必須與商人有所交往也。

　　自東漢到魏晉，又發生極大的變化。這變是在農民身上，是農民身份的變，在當時並不是以身份之高下看經濟狀況之好壞。農民與商人相同，同樣要納稅、盡義務、當兵，生活總是清苦的，但不能說他們是農奴。

　　東漢末年社會大亂，先有黃巾之亂，後有董卓之亂，導致袁紹、公孫瓚、呂布、曹操、孫策等起來互相攻擊。當時的中央政策，徒具虛名，但這同戰國時期的亂局並不相同。到了三國時期，就比較像樣了，但赤壁之戰前的大亂，已無中央政府，到處是軍隊，農民只有參

戰才有生活，此時已有豪姓大族，各自築有堡壘以保護自己，稱為
"塢"，有農民逃入塢中投靠塢主，以保全性命。塢主便有了更多的壯
丁，有了更大的自衛力量，荒亂時便集體遷居到某山某地。塢主手下
常擁有二千至三千壯丁，而女人負責織布，這批人遂變成了豪姓大族
的私屬。此時沒有中央政府和地方政府維持基本秩序，任由百姓自生
自滅，不少農民便歸附了這些強姓大族，如典韋手下就有兩三千人，
袁紹及曹操均拉攏他參加自己的集團。許褚等手下亦擁有數千壯丁，
且附有家庭，這便是新政權的形成，即豪姓大族有了私屬戶和私家
兵。這些私屬戶和私家兵身份不同了，稱為"部曲"，此為三國時特
有的名稱，相當於奴隸的身份。如某人投奔曹操時是帶部曲同去的，
曹操便封其一官，但部曲仍屬於原來的人。

此時中國只有軍隊而沒有農民了，也缺糧草，甚至只喫桑椹充
飢。袁紹、袁術的軍隊駐紮近湖邊，便以蚌充飢。此時曹操手下有
人獻策，建議用六百人去打仗，派三百人去種田，用此方既能使糧
食足夠又便於統一天下。這叫"屯田"，這些兵叫"屯田兵"。當年蜀
國的諸葛亮在五丈原屯田原是學自曹操。但屯田兵的身份與農民不
同。

強宗大族，塢壁自衛，有農民來投靠，形成部曲與私屬戶，部曲
者，軍隊的隊伍也。一方面群雄並起，但這些高級軍閥（州牧）逐漸形
成了新政權。當時的農民有兩條出路，一是投靠群雄，成為群雄軍隊
中的一份子；一是投靠強宗大族成為部曲。但其實強宗大族的部曲最
後的出路亦是投靠群雄，只是仍屬於原來的部典領導所統管。這近於
一般的封建性，民眾非公家，而是屬於某一勢力集團的。這事實上是
近於封建。

如當時的董卓遭受東方十八州牧進攻而逃到郿塢以自衛，城外的

人耕種納糧，但遭受匪亂時則可逃入城中受到保護。雙方是訂立契約的，群雄的軍隊中就分出一部分用來屯田，如鄧艾屯兵於淮水，淮北二萬人，淮南三萬人，其中有一萬兵輪番種田，一萬人種出的糧，供給五萬人吃尚有剩餘。當時曹操、諸葛亮(在五丈原)和孫權都比照此辦法實行屯田的。

門第來源自東吳，因東漢時有察舉(選舉)制度，讀書的才有被選的資格，古代的書因未有快速的印刷，造用很不方便，要用傳抄，十分困難，因此造就了累世經學的家族，便成了累世公卿。其次，因為選舉是分區推薦的，門第要有郡望的，才可以在各地被推薦分配在各地，像東漢末年，袁紹是一大門第，其家中四世五公，即是高、曾、祖、父四代主人都是做過三公的，亦可説是五戶三公，即是有弟兄做三公的。如孔融一大家族亦是。

晉朝統一後，不久又有五胡之亂，造成中國民族大遷徙，叫做"衣冠渡江"，都是有地位的讀書人，跟隨逃的窮人即變成私屬戶，故此種風氣不但沒有被矯正，反而是變本加厲。

西晉末年之亂，與漢末之亂，均有大批人跟着逃亡，留在北方的寒門單戶均去投靠強宗大族，到東晉五胡之亂以後的南北朝，就成為了家庭。

春秋時期講戶法，有五口之家、平民之家與貴族之家並存，戰國時期，貴族之家遭受到破壞，只剩下五口之家。在這些家中跑出商人，有家奴數百或上千的。本來漢初經濟不平等，但經漢武帝實行鹽鐵政策以後，就有了士族，即由讀書人來組織宗法，來組織政府，來敬宗恤祖，來建造宗廟，並建立墳墓，勢力在地方上擴大了，造成了士族。士族是大族，但當時的戶仍是五口、八口，而構成了族，即五戶或八戶之間，每一戶與其他戶之間均有禮法，最重要的是經濟條件與教育條件，自東漢以來就此情形，即一家之下包含多個小家(小家即部曲)，變成很多姓的家庭集團，如瑯琊諸葛，家世二千石，諸葛孔明三兄弟各自投奔三國時的一國 ，各有大作為，使諸葛氏顯名於世，形成門第。魏蜀吳三國時期，在長江南北各有大門第。

孫權在南京有陸與顧兩大家，直至今日尚沒有衰落，這就要講到優生學了。又如孔子直到今天也沒有斷代，而是代代相傳，宋時有大亂，孔氏未及逃出，但逃出其中兩家弟兄，到了浙江境內。孔子以前可講到商湯，至少是有四千年血統歷史的家族，同根共族，猶如一棵大神木。陸、顧為孫權在江東時的兩大家；又如從北方逃到南方的王榭，所謂“舊時王榭堂前燕，飛入尋常百姓家。”就是指的這王榭，這些大家庭都是講文化禮法教育的。

中國幾千年來都有戶口冊，用黃紙編成的叫“黃冊”，當時叫“黃籍”。當時從北方逃到南方的叫“僑戶”，即暗示將來時局平靜時要歸回大陸的，用的是“白籍”，即是“白冊子”。北方人到南方後，除僑戶外，尚有“僑郡”，後來東晉宋、齊、梁、陳四朝列文重立制度，叫做“土斷”。即自北方來南方的人，要受同樣待遇。為了優待僑戶，不徵收他的賦稅，後來有士庶之分，士是受優待的，庶是要繳賦稅的。

李太白的“白丁”，即是在“白籍”上的丁，“土斷”是重寫冊子，僑戶都要納賦稅服勞役，但對士則優待，庶才需要納稅服役。

南朝為整理戶口冊，經過幾次大變亂，因此中國社會成為有流品而無階級，只有身份與待遇，只要察看是否寫在不同的黃籍或白籍上，便知有所不同。

第七篇　魏晉南北朝制度

一、魏晉屯田制

屯田制度古代已有。古代打匈奴時已有移民殖邊，是武裝的、集體的墾殖，如此種田便叫"屯田"。

西漢趙充國是古代的屯田專家，在寧夏、青海一帶，當時羌人見到漢朝士兵就散開逃走，漢軍無法將之消滅，因此軍隊只得駐下來在當地屯田，士兵在當地屯田，使經濟與武裝相結合，即古代是專為防邊界而有"屯田"。

三國時則是在內地屯田，曹操在許昌屯田；諸葛孔明本來運補給要經過棧道，更要運用木牛流馬，很不方便，故改在五丈原屯田。

屯田兵的身份與農夫不同：

(一)屯田兵沒有田，在駐地耕種的不是自己的田。

(二)屯田兵所種的如有剩餘均須繳公，與原來農民之納糧不同，耕種只能供自己溫飽。

漢時有縣令(小縣叫縣長)，但三國時改成屯田都尉的官制，用以管理屯田兵。此時並無縣衙門，這是中國歷史上的大變化。當時有兵眾而無民眾，但人民仍是有的，但都是老弱者，當時是兵的世界，此時老弱者已被強宗大族所拋棄，令其脫離部曲而成自由人。這時候，這些老弱者便成了國家的公民。

到了晉代，除去屯田都尉的名義，而改成縣令。此即由軍政府時期而成為民政府時期。

　　晉武帝又廢兵，這是做對了。即將屯田兵轉變為農民的身份，但納稅額卻要提高百分之六十至八十。普通要納百分之七十的稅，最好的是百分之六十。

　　此時屯田兵廢止了，但強宗大族不願交出部曲，並且當時仍有很多人民願意投靠強宗大族的。每當強宗大族遷居於一地時，或會有成千上萬的部曲跟隨，政府也承認他們的遷居，並准許以原來的居地作命名，叫做“僑郡”。這便是當時的新封建、新貴族。雖然此時中國已有傳統的中央政府，但不能急切向這些大族下手，政府只有緩圖。故這時候，我們可叫它做“門第社會”。這是經過漢末魏晉南北朝大動亂而形成的。此時的人都願投靠強宗大族而做私戶，這就是封建，是只有私而沒有公。

二、魏晉南北朝九品中正制

　　“門第”並無政治特權，因此官祿並不世襲，當時地方上選拔人才的新方法，慢慢發展成“九品中正制”。

　　簡單地說，歷代的士途是：春秋是貴族世襲；戰國是游士；漢代是郎吏察舉；三國時天下亂，無地方政府，不能察舉及推行鄉舉里選，於是有九品中正制度，這也是曹操時所有的；唐代則是科舉制度。

　　所謂“九品中正制”，按當時的規定，“九品中正制”即將人分成九等，作為用人的客觀標準，即是：

　　上品的分為“上上”、“中上”、“下上”三品、

　　中品的分為“上中”、“中中”、“下中”三品、

　　下品的分為“上下”、“中下”、“下下”三品。

49

　　唐代時將士人的姓名連品級寫於簿上，三年換寫一次，政府便按照簿上所載品級任用官員。但後來出了毛病是因為不"中正"了，變成"上品無寒門，下品無貴族。"因此貴族總是佔便宜。有人說：魏晉南北朝有了九品中正制，因而產生了門第。其實，是先有門第，九品中正是以門第為護符，（按：門第的產生另有原因，如上所說，此不再贅。）雖然大門第的子弟，政府並不給予特權與世襲，但他們永遠是在高的上品階級，故在政治上永遠得意。

　　現在是門第較有優勢而並非有特權，政府法律是平等的。

　　社會上層是士族門第，社會下層是農民。按照當時的法律，農民與讀書人身份平等，但實際上，在三國以後，農民的身份地位降下去了，一種私的作了私人部曲，公的則作了屯田兵。天下太平後，兵恢復為農民，可是田租並不給減，（按：漢代是十五分之一至三十分之一）現在的田租是百分之六十至八十，部曲也要幫主人（按：主人指門第主人）種田，田租亦與上述相同。因此農民認為與其做政府的公民不如去做大門第的部曲。（按：部曲即奴隸）

　　部曲在公家沒有身份，是私屬戶，但因為大門第可保護他，故可稱"蔭戶"。另外的則稱"露戶"。

　　門第之特點乃是有許多私屬戶與蔭戶，政府當然要想辦法，否則就沒有人繳稅服役。於是魏晉南北朝時，政府與門第雙方均設法爭取民眾，政府因而實行"占田制度"，此制本為西周時所定，即是限止大門第只能佔有有限的田，使其不能多容納蔭戶，可是西周即亡，此制未有成果。到了東晉有了"土斷"，從北方來的僑置州郡，在南方由政府優待，是一種暫行辦法，但"土斷"主要的是整理戶籍。當時分為"士"與"庶"，士是門第，政府對其有優待條件。至於"庶"，則要為政府服役。"庶"如在冊上改成"士"，即可逃避一切賦稅和勞役，有了舞弊，此制在南朝政府始終不能爭取到民眾。倒是北朝政府成功爭取民眾了。

三、北朝三長制

北魏孝文帝時，聽了南方官員的意見後，將田租減輕，並設立"三長制"。

三長制是先要調查戶口，然後實行均田制；先由人民向政府報上戶口，再由政府配給土地，當時田多人少，這種授田制可說是井田制度的復活，（按：井田制即是土地國有，由政府授人民以田，將來要還。）並非耕者有其田。但如田變私產，即可自由賣買，又可兼併甚至造成貧富不均。

漢代的問題是政府要優待耕戶，但耕戶將地賣給地主，因此地主佔了便宜，耕戶向地主要納百分之五十的稅，一面要繳三十分之一給政府，政府取稅輕，但有半數給大地主取去了，地主是不勞而獲，這是地主與耕戶間講好的條件。反之，即變成土地國有，平均分配，可是因租要抽百分之六十至八十，農民反而不願意。

所以平均分配最主要之點即是減輕田租。北魏孝文帝首先推行此政策，由百分之六十減至三十分之一。

四、晉朝兵制

晉朝想出募兵制，是為東晉之"北府兵"，當時打敗苻堅全靠這種募兵，但後來東晉的"募兵"卻變成暮氣沉沉了。

當時北方的五胡軍隊是部族兵，壯丁即是軍隊。胡人不要中國人當兵，只可作"簽兵"，是三丁抽一，或五(八)丁抽一，是雜牌軍，即胡兵的軍隊是由雜牌湊成的，但當時東晉的募兵是一律整齊劃一的。

符堅要滅晉，召集了一百至二百萬的軍兵，到了皖地淝水。某日符堅登山見晉國軍隊軍容極盛，旗幟鮮明，一仗就敗了。何以三萬之眾能勝百萬之軍，因前者是招募來的，有訓練的，而後者卻是雜牌軍，是亂成一堆的烏合之眾。

五、北朝兵制

北朝有了均田制，亦將農民分成九級，成立了北周府兵制，即是由自己向政府報上去是否願意當兵，規定上、中等才可當兵。而當兵的可免稅，因為士兵要自己養馬並製備軍服。另外，打仗立功後仍可種田，並且有獎賞。這是為要使經濟與武裝配合起來。

當時北朝只有北人才可當兵。北周則倡府兵制，不過限於上、中等的農民才可當兵。北朝的軍事與經濟配合，故統一了南朝。

第八篇　魏晉南北朝佛教傳播

魏晉南北朝時佛教在中國廣泛傳播。

中西社會不同之點是中國社會有宗法，有族制，但無宗教。一般來說，佛教是一種思想信仰。佛教往往在亂世時傳入，然而唐代很富強，但佛教很盛，宋代衰落了，佛教卻不發達，故宗教的盛衰，在歷史上看，不是與時代興衰成正比，而是社會性的，宗教在社會上有兩大意義：

一、經濟意義

當人們無法生活時便去投奔門第當部曲，此時人民亦可投奔僧寺，因為君主與大門第均信佛教，叫做“護法”。魏晉南北朝時期社會上有兩大力量，即門第與佛寺，社會結構是上有中央政府，中有佛寺與門第，再而下的基層是民眾，故與西方中古時期不同。此時期社會上有門第與佛寺，造成社會不平等。這些佛寺的經濟力量甚至大如大門第，上述三者均受政府保護，人民可向佛寺借款，佛寺之抵押並不以營利為目的，而是為了濟貧，且尚有施捨，更重要的是其有教育事業。

二、教育意義

當時的佛寺除辦慈善事業外，就是辦教育，使人人都有接受教育的機會。但魏晉南北朝時天下大亂，要到南朝宋、齊、梁、陳政府再設立學校時，才可受教育。

當時的人民是分等級的，教育是封閉了，不公開的。由於門第的教育是封閉的，所以只有門第可以成為累世經學和累世公卿。

當時有王氏青箱，將長輩所教導的做官的方法都收藏起來，不能隨便讓人看，因小孩見了便會懂得如何做官。如不讓人看，只讓人讀一般的經書，則不會懂得如何做官。

但平民亦希望可以接受教育，此時有僧寺可以給予平民公開教育，當僧侶教你讀書時便同時教你信仰佛教，並且當你在佛寺內讀書時，是供給生活的。

當宗教與社會脫節時，佛教就衰落。但此時之佛教是彌補社會的兩個缺點。中國僧寺與西方的教堂有所不同，藏書也不同，僧寺有歷史、文學的書，所以有中國的知識分子跑進佛寺，西方則是由教堂放出學術空氣。

西洋的封建有貴族、有教堂，西洋的中古時期有新城市產生。但中國城市則永遠沒有毀滅，如廢州有二千年。黃巢之亂被毀書、人數以十萬計；金兀朮軍隊渡江，蘇州城殺死五十萬人，但其城今日依舊存在。

第九篇　中古時期城市

一、中國城市特徵

　　中國城市的特徵甚多，首先，中國城市是長時期存在的，很多城市都有二千年以上的歷史。其次，中國的城市是兼有政治中心與經濟中心，此與西方不同，西洋的城市，商業並不與政治連在一起。第三，從經濟方面言，它是鄉村物資的集散中心。城市與鄉村互為依存，因中國是一個農業社會，西方的城市是一種向海外發展的純工商業，是海洋經濟，而非自給自足的大陸經濟。今日的世界，美、蘇、中為三大自給自足的國家，是由海洋經濟變成大陸經濟。中國因地理關係而較早發展農業，是依存於土地而非機械。

　　講都市應以市政連在一起講，在中國歷史上，市政問題大可以作研究，城市有其設計與規劃。史上有六朝是以南京城為城市中心，六朝的吳、東晉、宋、齊、梁、陳都是建都南京，因此叫"六朝金粉"。三國時期，孫權管治下的吳國，南京城已很像樣。而東晉宰相王導，曾將南京重新整頓。例如他將南京城的路變為曲折的，將直變為曲折，北方人認為不好，但王導的設計有其優點。即使地方小，但也感覺到是大了，這就是王導的了不得之處。英國城市的路是紆曲的，因為地方小，是為了市容，要把路弄曲折。南京的商業極盛，杜牧詩〈江南春〉也曾云："南朝四百八十寺，多少樓台烟雨中"。

　　還有，中國的城市，不僅是政治中心，亦同時是宗教中心，城市及其周圍，到處建有寺院。例如九龍青山，現在還可見到南朝時建的寺廟。

根據《梁書》〈侯景傳〉中描寫了破壞後的南京城的情況，便可想見全盛時南京城之繁榮景況。

又如廣州，歷史上最早稱為番禺，商業極盛。當時有個說法，說到廣州做官必可發財。《齊書》〈王琨傳〉云："廣州刺史，但經城門一過，便得三千萬。"（按：三千萬指三千斤金。）因做商業的在城門口要抽稅，收稅一天即可獲得三千。

此時由於廣州寺院興盛，故當時的九龍和香港已相當熱鬧了。那時已建有青山寺，且有車公，反抗英軍，可見當時已有很多群眾；九龍城亦已設有政府，名叫衙前衛道。但廣州此時僅係邊荒之城。

二、中國四大城市

中國大城市有四個。

首先是北京，古代並不大，近千年來才擴大了。

其次是南京。南京向來是大城市，梁武帝南京城的直徑是四十里，當時有二十八萬戶口。

再說古代的大城市有長安（西漢）和洛陽（東漢）。三國時，洛陽城殘破，有董卓軍進入，州牧攻入，洛陽被焚。

北朝建都大同，孝文帝遷都洛陽，就重建洛陽而復興，有一書叫《洛陽伽藍記》，是佛教的書，在此書中，我們可看出洛陽當時的氣勢和面貌。洛陽城可分成八大區域，東有通商達貨里（指商業盛）；西有退酤、治觴（宴酒）；南有調奏樂律（娛樂）；北有準財、金肆（銀行、當舖）。

我國城市，多分成若干區域經營其業務，如杭州從汴州搬去的，具有北方商店的規模，即經營同一類業務的店舖都設在同一條街。

外國人住在洛陽的很多，可稱為國際都市，有自新疆遷來的達萬餘戶，據《洛陽伽藍記》云：“西夷附化者，萬有餘家。”便是指此。

揚州亦是當時大城市，因為長江水路發達。

洛陽附近，城內城外的市有千餘寺廟。即《洛陽伽藍記》上所說“京城表裡，凡有一千餘寺。”其中最大的是永寧寺，中有一浮屠(塔)，凡九層，共高九十丈，上有剎，又十丈，共一千尺，百里外即可見此塔，塔頂上掛的瓶，可容二十五石，瓶下有承露金盤，有三十重(套)，四周有金鐸，金塔共掛有一百二十個鐸；塔有四面，每面二戶六窗，門是金漆的，門上掛小鈴，金塔共有五千四百鈴。此寺有僧房樓觀一千餘間，據説有一外國和尚曾遊觀各國，但未見有如此偉大之寺廟。

又有永明寺，住有百國沙門三千餘人，其中有一尼姑庵，叫瑤光寺，有講堂尼房五百餘間。此寺有一釋迦佛，四月四日要巡遊街道，極為熱鬧。至於大齋，常設女樂，歌聲繞樑，舞袖徐轉，絲管寥亮，諧妙入神，以是尼親，丈夫不得入，得往觀者，以為至天堂。

洛陽所有的寺眾可能有十萬人，他們都不事生產，以一千寺廟來想像，洛陽的八大街，可見此城規模之大。

寫《洛陽伽藍記》者，一入洛陽，但當他離去時，已經是“今日寥廓，鐘聲罕聞。”因有北朝爾朱榮攻入。北朝時，據歷史記載，有尼僧二百萬，寺廟四萬所，可見社會之富足，且其中有一千寺在中央之洛陽，僧寺可代表當時之繁華情況。

伊水附近有伊闕，(闕者，是兩邊是高的，中間有一洛水流過，有一條路。)附近有龍門石窟，共有三窟，共僱用了八十萬二千三百六十八工人，比龍門石窟較早的，有大同的雲岡石窟，雲岡有五所，最高的石像有七十尺，矮的也有六十尺高。

　　藉着這些佛教的建築，可以想像當時南北朝的工商業興盛，可見此時中國的歷史並非是封建社會的經濟。西方羅馬時期，確是受羅馬皇的壓迫，要聽耶穌講的道只能在地下洞中工作，那才是真正的封建與奴隸。

　　僧寺必須有社會經濟養活它，這社會在經濟繁榮下，宗教、文學、藝術與建築均極為進步，即是說魏晉與北朝的一切均是社會性而公開的了。不是像漢代的藝術般埋藏在墳墓中，只是情人才可享受。

　　據《魏書》記載，東陽城只是一個小城而已，打勝仗要報功，可獲倉粟八十五萬斛，米三千斛。弓九千張，箭十八萬八千，刀二十萬二千四百，甲冑各三千三百，銅五千斤，錢十五萬。城內戶八千六百，口四萬，吳蠻戶三百餘。《魏書》所記大致如上。

三、中國社會共同特點

　　中國的任何社會均有其共同點：如戰國是游士社會，春秋是貴族社會，兩漢是郎吏社會，魏晉南北朝是門第社會，唐代是科舉社會等，以上各社會均有共同點，即均有其統一的政府。

　　馬克思認為資本主義社會中無民主，其實，馬克思所見之資本主義只是見其小而未見其大，他批評工廠的資本家剝削勞工之說，今日已改變了。後來史太林提倡打倒帝國主義，組織國際，不倡國家，今蘇俄之能存在是靠騙人的口號"打倒帝國主義"，其實蘇俄正是最厲害的帝國主義。

　　馬克思認為社會之進化是由漁獵社會，進而耕稼社會，再而工商社會，而將農民擱置不談，這是一大漏洞，仍是共產主義之難圓其說，如中國，大多數都是農民。

　　蘇俄削衛星國利益，與英法剝削殖民地同一辦法。中國的經濟之所以繁榮(這指二百年前的經濟)，是由於政治控制，照生活上的享用說，是高於英、美各國。

　　中國社會至工商時期，但農業仍在。英國的商業以工業為基礎，故要先講社會學。

　　有一人說："公卿社會，士社會，庶民社會。"為社會三時期。陝西有一位先生說："士農工商為古代的稱呼，現在有一種新的士，這士包括農、工、商。"梁任公的朋友夏曾佑在北京大學任教時寫中國歷史教科書，只寫到魏晉南北朝，他說中國自宋以下可稱為科舉社會。

　　中國自漢代起，選舉制度是分區的，因此中央政府容納各地區的人民參政，叫做"鄉舉里選"。考得及格的叫"進士及第"。因為是分科的考，舉是選舉，即科舉也。

　　杜佑《通典》專說中國的政制，內有選舉篇，說科舉考試是古代之選舉變出來的。"懷牒自列"者，必須要身家清白。科舉制度維持了中國一千年的安全。

四、漢代郎吏社會和唐代科舉社會

　　任何一個國家社會，必須要有學術、生產與戰鬥三方面配合方成。"學術"是思想知識，有關教育，是屬於"士"的；"生產"是有關賦稅，屬於"農、工、商"的。"戰鬥"是武力，有關兵役與軍隊，是屬於“兵”的。任何一個國家必須具備此三方面，以此分配來思量中國社會。

戰國時期以前，貴族是學術與武裝並重，掌握在貴族手中，平民則負責管理生產事業。戰國以後，平民可管教育，也有學術，兵亦解放了，社會上各項職業，成為平流競進。

到了漢代，進入郎吏社會，社會上一般平民可以進入學校，有機會上進入政府，中央政府是官長；屬於郎；地方政府是吏屬，屬於吏。在地方服務實習的，可選舉出來進入中央政府，經考試合格後察看，然後分發任用，視服務成績好壞而作出升黜。

漢代是士人政府，十分理想，好過英、美今日的政制，天下的真理是屬於歷史的。

三國時代全國皆兵，成了戰鬥社會，是一大變動。而當門第社會出現，士的地位提高了，農與兵的地位則降低。

唐代則改成租庸調制，並依舊用北朝的均田制和府兵制，再加上科舉制度。唐代的科舉制是社會人士可自由參加考試，大家可公開競選，選入政府任職，此與地方的察舉制度產生弊病有別。

唐代的科舉制是用來考驗人才，並非培養人才，但唐代的出路有兩條，除了考試以外，還有自學校出身的，但當時的社會則看重前者。

中國歷史的特點是緩進而非突變。

第十篇　唐代海內外交通和貿易

一、南北朝隋唐海外交通

唐代有三個重要的制度，一是科舉制，關於學術文化的；二是租庸調制，有關工、農、商的；三是府兵制，有關戰鬥和軍兵的。

其實，中國自古就不閉關自守，也不夜郎自大。南北朝，北方外國人多，此時有邪教流入，由於國外交通極盛，路有兩條：一為從甘肅進入玉門關，為中國與新疆(西域)的交通，張騫曾經由葱嶺到達波斯，其隨從者曾到過地中海；當時羅馬有了中國的絲織品和玉器。我們賣出的是人造物品，從外國買回來的是天然物品，西漢時有張騫，東漢時有班超。張騫到新疆後，才知道還有印度。

從四川到雲南大理，再出而至暹羅及印度，東漢大亂時，北方人逃到南方，黃河以南的人過海到達安南(即東南亞)。

南北朝時已有外國人來華通商，有關經濟、文化多方面均有來往。到了唐代，國人對海外的地理知識已很熟悉。如隋時學術界的人裴矩作《西域圖記》，書中説明自敦煌向西出去有三條通道。又有賈耽著有《古今郡國縣道四夷述》、《皇華四達紀》及《海內華夷圖》，賈耽的這些著作都與世界地理有關。清人吳承志也談到唐人賈耽記邊州入四夷道里考實及地理知識。

又如玄奘法師、原名陳家富，他從隋末出國，到唐初回國，著有《大唐西域記》。梁啟超曾著《一千五百年前中國的留學生》一書，均有談及這些史實。

關於海舶方面，中國早在先秦時期已有文獻記載海上交通，《論語》〈公冶長〉云：「道不行，乘桴浮於海。」孔子時已講到國人可自由去海外了。戰國初吳國攻打齊國是自己造船舶，從上海直航烟台。秦代國王派徐福帶一班童男童女乘船去尋求海外三神山；徐福後來不再回來，住下來之地方叫夷洲。

三國時代已有大批人由海路去安南，可見中國航海事業的規模。至三國末年，晉國攻打吳國，吳據有長江天險，於四川造船而下，一條船可載二千軍隊，尚可在船上騎馬，可見船隻之巨大。

東晉盧循(盧是海盜)作亂，根據地在廣州。是從海路上去攻打江蘇，用的是八槽艦，船有四層，高十餘丈。

隋時楊素造五牙艦，船有五層，高百餘尺，《通俗文》中云：「吳船曰舳，晉船曰舶，長二十丈，可載六、七百人。」《字林》云：「舶，大船也，今江南泛海船謂之舶。崑崙及高麗皆乘之。」一條船的容量，大者可載萬斛。

唐太宗伐高麗，貞觀二十二年七月，在沿海造船，船長一百尺，廣五十尺，次年準備去攻打高麗。此外尚有內河船，應用於如長江、淮河等內河。

又據李肇《唐國史補》所述，可以想見唐人的商業盛況為如何矣！

「舟船之盛，盡於江西，編蒲為帆，大者或數十幅，自白沙泝流而上，常待東北風，謂之潮信……江湖語云，水不載萬，言大船不過八、九千石。然大曆、貞元間，有俞大娘航船最大，居者養生送死嫁娶悉在其間，開巷為圃，操駕之工數百，南至江西，北至淮南，歲一往來，其利甚博。」

又據劉夢得〈夜聞商人船中箏〉云：

"大艑高船一百尺，
新聲促柱十三弦；
揚州市裏商人女，
來占西江明月天。"

這裏也説明了，此時江南揚州的遊船是如何的龐大了。

二、海外貿易

唐代一開始，海外交通十分頻繁，已形成了國際局面，當時已有城外交通，這城外交通可分兩方面來説，一是西北的陸路交通，一是西南的海上交通。

東晉五胡時，有很多外國宗教徒來華，主要是印度的佛教徒；而北朝時佛教更盛。

東晉時已有海上的軍事衝突，如著名的海盜盧循搗亂。

宋、齊、梁、陳四朝，海上交通極盛。説明中國並不閉關自守。

南北朝時，我國自稱蠻夷，卻稱印度為世界文化中心之國家。

隋唐時代出了很多地理學家，如隋之裴矩，唐之賈耽均是。

中國人的海船及海上交通的發展是早於西方人，至於內河交通，《舊唐書》〈崔融傳〉云：

"天下諸津，舟航所聚，旁通巴漢（巴漢是指四川和襄陽），前指閩越（越指粵），七澤十藪，三江五湖，控引河洛，兼包淮海，弘舸巨艦，千舳萬艘，交貿往來，昧旦永日"

陸上交通叫關，海上交通叫津，我國在中古時期的海陸交通已非常發達，但西方在此時期的交通路線則沒有如此發達，而最後一句詩是指天未亮即航行了。

以上談到海上交通，便可想見唐代的商業是如何的發達了。兼且我國早有發明機航，在南齊時已有了，當時有祖沖之造出千里船，可日行百餘里，有人形容此千里船"不因風水，施機自運，不勞人力。"

唐代李皋作洪州(江西)觀察使時，曾造成戰艦可挾兩輪合蹈之，愬風破浪(《舊唐書》作翔風鼓浪)，疾如掛帆。宋代有楊么在洞庭湖為海盜，他曾使駕載軍隊的輪船。宋將亡時，宰相賈似道，其家中亦備有用機器踩踏的船。又有王彥恢，曾製造飛虎戰艦船，下裝四輪，每輪有八楫，用四人管四輪，可日行千里。談起早期的，則有諸葛亮造木牛流馬。更早期的則有墨子作木鳶，但此木鳶不能控制。

這裏只講説中國造的船已有機器，並不説明中國的科技發達，而是説明當時船的需求大而且要行走快捷，可見當時商業的發達和興盛。

三、市舶使和貿易港

唐代開始有市舶使。宋末蒲壽庚曾作市舶使，日本人替他寫了一本書，為全球研究東方歷史者所傳誦。此書説明了宋代的國外商業。但在中國歷史上，市舶使只是一小官而已，為我人所輕視。

談到貿易港，我國最久而最著名者為廣州。廣州為了不起的大港,當時孫中山先生主張開闢黃埔港口岸,以截斷香港。廣州當時有龐勳之亂,此時廣州已居住很多外僑。

　　當時中國的海上貿易除廣州外,尚有交州、杭州與泉州,孫中山做臨時大總統時,有一部二十四史,可說是重視學問的。當時孫中山主張在杭州灣開闢一港,以阻截上海租界的外國人的利益。(按:錢先生說,他年青時崇拜孫中山,無錫的一位友人送他一本三民主義的書,但錢先生並不愛好政治活動。)

　　唐代時,揚州亦是一主要的貿易港,南朝梁殷芸《小說》卷六云:"腰纏十萬貫,騎鶴上揚州"。又據唐代詩人徐凝《憶揚州》云:"天下三分明月夜,二分無賴在揚州。"因此一般人都很喜歡揚州。據唐詩記載,揚州有一次大亂,商胡(按波斯人等)死者達數千人,見《田神功傳》。

　　當時睢陽亦是一大商埠。唐代開元年間有位小官李勉,後來官至宰相,他曾沿汴水至揚州睢陽(按:揚州為二運河及長江之交叉口),當時有位患病的波斯商人乘坐李勉的船同行,此病人十分感激,對李勉說,他是波斯的王族,家有三兒子會來探望他,船經泗州的,說失去一珠寶,如有人復得者可得大官,後來此人死了,將他埋葬,此人將此珠置於口中。李勉後尋訪其子,後來終於找到了。這證明中國在當時已是國際上珠寶古器的集散地。也可見唐代當時商業之盛、資本之豐厚。如要看此類唐代故事,可看《太平廣記》,此中許多小說有新材料。

四、外族經商聚居

　　外國人在華經商,在法律是有治外法律。《唐律疏義》中有一條說：“諸化外人同類自相犯者，各依本俗法，異類相犯者，以法律論。”中國人的文化觀念實較國家觀念為重。

如波斯人與阿拉伯人鬧事，則按照中國法律處理。同是一國人犯法，則依照該國之法律處理。可見我國之寬大。至於外僑遺產如何處理，有《新唐書》〈孔戣傳〉記載道：

> “舊制，海商死者，官籍其貨，滿三月，無妻子詣府，則沒入，戣以海道歲一往復，苟有驗者不為限，悉推與。”

當時外國人來華者甚多，故需要訂出條文以作規管。

至於藩漢通婚，《唐會要》中說明，貞觀二年有一勅，外人娶華女者，不許攜回。可見唐太宗貞觀二年時已有此制度。

《資治通鑑》中也有一條說明，安史之亂後，回紇人來長安的極多，不許回紇人穿着中國服裝，以免與華混淆。《通鑑·唐記》四十八卷貞觀三年云：“胡客留長安久者，或四十餘年，皆有妻子。”可見我國亦不禁止藩漢通婚。

當時的商胡亦有在華任官的，也有作盜賊的，也有稱商的，是為胡賈，可見在華的外國人極多。

我們如看《太平廣記》五百卷，便可找出此類材料。商胡的行蹤很廣，有洛陽、廣州、揚州、長安、鳳翔(扶風)、永修(建昌)、南昌(豫州、洪州)、睢陽、蘇州等地，由上可見胡人來華經商的大城市是廣東、江蘇、江西、長安及洛陽等地。

唐時尚有外國人在華開展覽會的。當時有外商各獻出貴重之物以作比賽。有一胡商展出明珠四粒，其中有直徑達一寸者。當時在酒店中亦有胡姬(酒家胡)，此外，尚有崑崙奴，多為南洋一帶人，膚色深黑，每一家富戶都僱養數位。

　　唐貞元某年，長安大旱，皇下詔南市求雨，當時有康崑崙為音樂家，能演奏琵琶，他在一彩樓彈奏，對面西樓有一扮女之僧侶亦彈琵琶，兩人比賽後為皇帝知道，命彼去宮中表演。僧對康說，君之彈奏有雜聲，且帶邪音，因康當初為女巫所教，遂要康停奏達十年後，再跟此僧重新學習。

　　康崑崙為一摩尼教徒，僧為佛教徒，由此故事可想見唐代之盛。又如當時尚有騎馬上玩高爾夫球的，那是極奢侈的運動。

　　吾人如欲詳細研究唐代社會，便須讀《全唐詩》及《太平廣記》等書。

五、驛站

　　古代中國有亭，亭長由社會產生，唐時變為驛，由政府管理。三十里有一驛，每驛有舍，小路上則稱館。唐代共有一千六百三十九驛，其中一千二百九十七驛叫陸驛，二百六十驛叫水驛，水陸相間的有八十六驛。驛由兵部管理，是軍事的，由兵部中的駕部郎中管驛，每年要報告驛馬死生肥瘠。每驛設有驛長，下有驛夫。驛長是輪番當差的役，政府設有館驛使，用以監察全國驛站。

　　驛站最大的叫都亭，都者大也，養七十五匹馬。然後依規模分成六等驛站，各有不同養馬限數。包括一等驛，養六十匹馬；其次二等驛，養四十五匹馬；三等驛，養三十匹馬；四等驛，養十八匹馬；五等驛，養十二匹馬；最小的六等驛，養八匹馬。

　　由於唐當時的中央政府在長安，如到廣州，可按驛限定數日到，不會誤時。

供給驛馬的數量按職位高低而規定。官吏可供給驛馬，一品官可取用八匹馬；二品官六匹；三品官五匹；四品官五匹；六品官三匹；七品官以下的兩匹。

驛站養的馬叫官馬，馬身上有印，並印明機關名及歲數，驛馬在頭上有一驛字，馬有驛田。每一驛站均有驛田，養一匹馬，給四十畝田，（宋代計算法則為一匹馬二十五畝田。）田裏種苜蓿，用以餵馬。

驛田之馬每三年一換，老瘦換壯健的；山峻高地、低濕地用蜀馬（即小馬）。另有傳馬，是駕車輛的。用來載貨，可隨後慢行。

傳馬也按官級高低而分配數量：一品官十匹；二品官九匹；三品官八匹；四、五品官四匹；六、七品官二匹；八、九品官一匹。

凡官吏家客過往，只供給傳馬。

除馬外，尚有船，一水驛事忙者有四船；次者三船；更次者二船。

驛站有東廳、西廳、上廳、別廳。此外尚有"驛樓"，李商隱〈昭州〉"猿上驛樓啼"與孟浩然〈泊宣城界〉"南陵問驛樓"，兩詩均有提及驛樓的設施。

此外，驛內也有"庫"與"亭"，有酒庫、茶庫、菹庫；而亭即花園，《秦州雜詩》第九首也提及這種設施：

"今日明人眼，臨池好驛亭，叢篁（指細竹）低地碧，高柳半天青。"

按規定，驛站內只准停留三天；亦有不准入內的；亦有可入內而不得受供養的；符照分角符、傳符（符上畫龍，銅製。）及銀牌三種，憑符照等級招待。此符可沿路使用，不過水路和陸路是分開的，不能混用。

　　唐代韓愈弟子曾作〈書褒城驛壁〉一首,是說此驛出名天下第一,因為此驛近中央政府之長安,但此驛中之池水淺而濁,船漏縫滲水了,園中青草蕪雜,廊下破爛了,馬養在客廳中,鷹在大堂上走動。這篇文章示意代表大唐皇朝的沒落,即將垮台,不然近中央政府所在地的一個知名驛站,卻落得如此淒涼衰敗,其他更不用說了。

　　明末窮了,裁了部分驛夫,因此驛夫造反了,即李自成、張獻忠造反了。

六、交通運輸

　　從潤州(鎮江)運到長江口本為陸上運輸,但劉晏將之改為水上運輸。自揚州運輸至河陰,則照昔日計算。

　　當時一年米需四十錢,劉晏造歇艎支江船二千艘,每首船可載千斛。十艘船曰一綱(即一隊。)一綱三百人,再加二百五十名篙工。二百綱即十一萬人。自河陰可運至渭口,自渭口船可直達太倉。

　　此種船用兩旁馬路拉拳索;用巴、蜀、襄、漢所出麻與竹做絢索,朽索腐材就用來做燃料。歷史上說如此運送,每年可運一百一十萬石。

　　宋代蘇軾文中亦有談及,可見文人亦注意到國計民生。以當時之價造一條船需五百貫錢,劉晏所造船之費用則加倍。需一千貫錢,有人非議劉晏。劉反駁道,造船要有大船場。由於費用巨大,因此造船者均發大財。運輸通行了,造的船很堅固,也不易壞。如此維持了五十多年。後來經費一減,造成船政腐敗,情況不好了,可見劉晏採取的方法好。

　　中國是大一統之強大國家,全國的交通運輸成為一個大問題,因此要有良好的陸運與海運。其實元代時已有海運。當時為了打邊寇，需要自南方運輸至西北，但由於政府無大經費，故要請商人運送。運到後可給一引（一引即一票）於商人，即可給予相等之鹽，此鹽不會視作私鹽。由於當時之鹽要受政府之管制，因此沒有造成獨立資本。

政府也不主張與民爭利，任由商人做生意。中國自戰國時期，已經發展出大型的商業了。

第十一篇　唐宋科舉社會

一、唐代科舉社會特徵

唐代並非純粹的農業社會。唐代社會的重點不在商業，其特徵亦不在商業。中國過去最出名的學者，都是有關地質學和生物學方面的。因中國有廣大的材料，也可有新的發現。英國學者威爾斯著《世界史綱》一書，主張唐代時之世界史應以中國歷史為中心，他曾採取傅斯年之意見，但並不精彩。

唐代社會可稱門第社會，但並非有大地主，亦非封爵之世襲貴族。此為宋代所無。

德國曾有一學者，專門研究我國黃河的潰決。但一到中國，反而沒有研究黃河的機構，實在使國人汗顏。美國有一位地質學家在日本帝國九一八侵華時，來中國作研究，但學很辛苦。

西洋人以純科學的眼光來看黃河，只注重地形，但中國人知道，黃河並非天生有害，因古代中國崛起於黃河，論黃河為中國人之害只是近代之事。

地是會變的，如香港已今非昔比，又如今日荒涼的隴海路，自徐州至開封一段，過去興盛時出了莊周、張良等人，故研究黃河應知道黃河在歷史上的變遷。研究歷史學還得配上其他的學問。

我們稱唐代以前為門第社會，唐代以後為科舉社會。西方社會興盛時有教堂、貴族和城市；城市得勢後有中產階級。

東周自遷移後，諸侯各管天下，西洋人經商是冒險的，是合夥用船，中國人則習慣是不會合在一起做，社會必須有一中心領導力量。中國社會是由政府控管，故稱郎吏社會，科舉是中國社會之特徵。

二、宋代近代社會特徵

中國自宋代起，發展至近代，可說是具備近代社會的特點，唐以前大抵可稱為古代社會。中國社會以農業為本，工商業也很發達。

中國特別不同之處是：便是有城市，且是勻散均佈的。這些城市一面是商業中心，另一面是政治中心。中國的縣城自秦以後，成為中國的政治單位。中國多數城自秦代始已有了。城市的物資分發到農村，每一城市的四圍是農村，是貨物的集散中心。城鄉互相寄託，兩者打成一片，城市是兼政治與商業中心。

近代中國之所以窮，因為外國的商業發達，以製成機器調換了我們的原料，故窮了，幾乎要破產。

中國社會是政治(指知識分子)控制經濟。

古代農村的士，三冬通一經書，一冬指一年的冬天有三個月，三冬即指三個農閒的冬季可讀通一經。少年十五歲前學識字，《尚書》二十八篇；《詩經》三百首；《易經》六十四卦，《禮記》、《春秋》……即十五年可通五經，到時這青年尚只有三十歲，通了五經即可應考做郎吏，甚至可做宰相，可見中國社會非封建。其實這道理今天還用得着。

做了宰相，年入二千石，但一個家庭，一年用不完一百石。由於宗法關係，做官的一家就會有獨佔性了，由於有獨佔性，所以有了郡望，此即唐代的門第社會，即是由農村出了郎吏。

有的門第甚至傳至一千年以上，如山西聞喜裴家，到宋代時已非門第社會，但顧亭林先生去山西裴村時，裴氏家族仍有數千人，所以顧亭林說：「封建勢力可利用來造反。」

三、宋後中國農村新體貌

宋以後的中國農村比起從前已有很大的變遷。中國古代是封建制度，農村隸屬於封建貴族。到封建制度崩潰、貴族消滅後，即變為士、農、工、商的新社會，農民不再隸屬於貴族，變成了自由農民。

農民一家通常是五口至八口，所能耕之田最多一百畝，其收入是有限的，因此農民的經濟永遠是不寬裕的。遇到疾病死亡災荒就糟透了，只好出賣田地，因此就有兼併剝削產生。政府原收三十分之一的田租，但買田者要他二分之一田租，其中五十分之一繳給政府，即田主可不勞而獲三十分之十四的田租。（按：三十分之十四即十五分之七。）

漢代的郎吏政府，知識分子獲得政權，做到兩千石米的高官，用來買田地，敬宗恤族，建立了家族社會主義。凡同姓中有窮困的，均予以周濟及教育之，因此此家族中就可不斷的進政府做官，變得愈來愈富有，這種新興的士族階級即稱「門第」。

從上述自由經濟社會中產生的地主，不能稱封建，門第成為有郡望的。大門第普遍於各鄉村，即是新的門第社會。有門第在鄉村，舊的貴族社會則有大貴族在農村。

提拔人材可有下列各種方法。一是教育；二是服務；三是選舉；四是考試；五是任用；六是升黜；中國當時只有一間太學，起初只有數百人，後來東漢時有三萬人了，進太學讀書已是一件麻煩事，讀完書出來要經過地方政府選舉，但因為門第間互有關係，因此政權便永遠操在幾個大門第的手中，這可以助長門第，因此門第常可獲得進學，被選及做官的優先權，沒有平流競進的形勢。

唐代一確定科舉制度，可以自由考試，門第就垮台了。

四、唐宋明考試制度

按照中國歷史來說，應該是從封建、郎吏、門第社會再進而到科舉社會。科舉制度經歷唐、宋、元、明、清數代。參加科舉試即可進入仕途，亦即可參加政治。

考試是自由報名，公開競選(除商人外)。唐代的考試如考一首詩，但出的題目很偏僻，要讀書多，考試的成績即可察出該考生之志趣、聰明與見識如何。

唐代有位青年王播因家窮而住身寺中，逢寺院打鐘便知是吃飯時間到了，便去吃飯，後來和尚為避免王播去吃，便改變了打鐘方法，不讓他去吃，王播作了一首"飯後鐘"的詩譏笑之，後來王播中了進士，做了宰相，該寺僧便把王詩用絲絹罩住，加以保護。此即所謂十年寒窗，一舉成名。

宋代范仲淹幼時家中亦窮困，父早亡，母改嫁，後父姓朱，他後進寺院求學，"斷薺劃粥"，後來苦學成名做了副宰相，恢復范姓，有二子同穿一長袍在寺中讀書，後來亦做大官。後仲淹首創建立"義莊"，凡本族窮人子弟均可得到供養。直至民國初年，到處仍有"義莊"。稱為"范朱遺風。"

唐代之科舉制度分"明經"與"進士"兩種(不只兩種)，"明經"是考經學；"進士"是考文學(即詩賦)。應考者要三代身家清白，做生意的並不包括在內。考試及格叫進士及第，考試由禮部主持辦理，禮部即如今日之教育部。進士及第的尚須由吏部(即今之內政部)再復考一次，要考試公文，並兼考其健康與品貌等。

宋代則僅考"進士"一科。

明代以後有縣考、府考，因參加考試者太多了。縣試通過者叫秀才，省考考取者叫舉人，然後再由各省推舉若干人，有特定的限額乃是看各省的文化程度高低、賦稅攤派多寡，定來決定名額多少。

中了進士的要在中央再讀三年書，殿試的首三名，首名為狀元，次名探花，三名榜眼，成為當然翰林而兼進士，中央設有翰林院，其中有編修、檢討等職位。

考中進士的入館三年，由翰林教導之，三年散館後再考，考試成績好的可進翰林院做翰林。各省的主考官是由中央的翰林院派翰林去監考的，有進場、硃卷、謄卷等名堂。翰林是清望之官，薪俸並不多。翰林做過幾次主考官後，就可做侍郎、巡撫等官。最差的進士則可做知縣。

每三年考中進士的可上進士題名碑，此碑放置在北京國子監。當時臨邦的安南、朝鮮等國最為佩服中國，常有仿效中國文化，如安南也有國子監，也有進士題名碑。

到了清代，設立各級考試制度，有縣試、府試、省試和殿試。可以說，中國的社會有變動而無階級，亦無大貧大富，此為其優點，但亦有其科舉制度社會之缺點。

第十二篇　宋代興起的新制度

唐代是社會轉型期，宋代則是定型了。在此科舉社會中，人民在政治上的地位有了貴賤之別，經濟上也有了貧富之分。所以仍有不平等的現象。

宋代農村經濟是分散的，不集中的，故其社會比較上是平等的。此時期有數種特別制度，詳述如下：

一、書院制

如廣州最著名的廣雅書院，就是這種模式。我國古代平民無法受教育，到了漢代，在中央設立太學，在地方上設立郡學、縣學。當時尚有開門授徒。

漢代之太學，武帝初設時只有五十人，到了東漢，已到三萬人。東漢時山東有位大師鄭玄到各處去留學，後來去陝西向馬融學習。鄭玄替馬融解答算術問題後，就一直擔任此工作。當鄭玄回山東後，於是馬融說：“吾道東矣！”由此可見漢代仍要四處求學。

然而，自郎吏社會進入門第社會以後，部分讀書人得以依賴家族的累世經學，因此不需外出求學，更有世代的所謂“王氏青箱”，讀書人考試以求取功名，除了天資上的差異外，家世也就成為了一個重要的因素，累世功名的大家族逐漸形成，而大家族也有了家訓傳世，如南北朝時有“顏氏家訓”，後代也可因此而成政治家。窮苦人民則會入寺院研讀，導致寺廟僧侶的勢力也甚大。

可以説當時人民的出路有兩條：一條是從貴族出身，然後在政治上做官；另一條是窮苦人家，可以借寺院的環境，苦讀成材，可以考試，績優者任官。

當時的教育可分四種：一是家庭教育；二是社會教育；三是國家教育；四是寺院(宗教)教育。

而宋代以後有了社會教育，便是所謂的書院制度，既不需四處求學，亦不依賴累世經學。

書院制度自宋代開始，至元代大盛，書院數目更多於宋。元代每一縣官上任，必先到書院聽講。"山長"可針對地方實際情況，教訓縣官，可見書院地位之高。書院制一直推行到清末，直至有新學校代替為止。清代書院"山長"的地位也很高，監督、巡撫到任必拜訪"山長"，而且"山長"是獨立的，不屬於任何官家部門的。

書院之功用，首先，它是藏書樓，是當地收藏經典古籍的地方，也是一般讀書人(非世家子弟)可以接觸古籍的地方；第二，書院相當於今日之學院，每隔相當時候作一次演講；第三，書院相當於今日之學校，如宋代胡安定曾去蘇州、潮州兩地講學，書院下分數齋，相當於今日之院系，胡安定時之書院，下設經義齋，即今日之文學院，又設治務齋，即今之法學院。在齋之下又有分組，如可有水利組、農業組等。

當時之經義齋下有國文組、歷史組等。但書院只設一正教授，相當於學校非授課而重研究。胡安定當時在該書院講學，成績很好，故宋太學亦依照他的方法分齋分組。太學主持並請胡安定去太學教書，當時程伊川在太學為學生，只有十八歲，他作的論文特佳，胡即選其為助教。

書院設獎學金，至今仍有，每學期作論佳者可得"膏火"，一月一題，謂"月課"，得獎一次即可付學費。

但學習文學不一定要進學校，科舉亦然。

第四方面，書院又可用作紀念性質的祠堂。此種書院是壯年老年均可進修的，不限年歲，無考試，無學分，有月課的獎勵。

今日有錢人只知捐錢給教會，卻不懂得辦書院、辦學院。

二、社倉制度

宋代除了開設書院制度以外，還有新設的社倉制度及義田制度。

唐代時我國仍有社，即用以集會及娛樂唱遊。今日日本遍設神社，即模仿唐代之社。

漢代因豐收而米價平，但農民會吃虧，故政府要設常平倉。

常平倉設立特別措施，米價平時貴價收進。荒年時低價賣出。政府尚可賺少少，而農民都可減少吃虧。只是由政府經營此事，事實上是並不正常的。

到了宋代，隨漢法設常平倉、義倉，又置惠民倉、廣惠倉，范仲淹開始設立積穀倉，用以濟貧，是為良好制度！稱此措施為"義莊"，或稱"義田"，俾便人民供給學費、婚喪……等費用，此制有敬宗恤族之意，實非家族主義，實為社會主義。

三、遺產處理

按照西方人制度，如長者死亡，則由律師宣佈其遺書。封建社會時期，如長者亡過，則由長子繼承其遺產，

中國人處理長者之遺產，則由數子平均分配其遺產，故三數代

後，財產越分越少，差不多等於沒有，此為打破封建制度之方法。女兒是出嫁時已分給她了，稱為"私房"（即嫁妝），連丈夫也不能動用她的分毫，除非妻子自願。

由於國人太主張平等，故最後均成為小戶人家了，由於產業由兒子平分（女兒則已有嫁妝），同時，做大官的官職也不能世襲。

四、"保甲制" 與 "鄉約"

"保甲制度" 也是自宋代開始建立，此制是為治安而設，十戶為甲，設甲長；十甲為保，設保長。鄉村中不必巡警，鄉夫數十年可不上衙門，有事由社會解決，遇有大問題時，可由團練處理。清代之曾國藩亦因在鄉間籌辦團練而聞名於世，當時曾國藩因親喪而返籍守孝，遂籌辦鄉間之團練。

宋代尚有一種 "鄉約"，此制由陝西呂氏首先發起，名叫 "呂氏鄉約"，此約內訂有各種約法，是有關整個的地方自治。

由於上述種種制約完善具備，因此有關文化、經濟及治安諸問題均可迎刃而解，完滿解決了。

第十三篇　元代統治狀況

　　宋代之變是內部問題，到了元代都是因外族入侵，便成外部之變了。

　　自中國歷史言，五胡亂華至南北朝亦是外族入侵。但實際上，南北朝時是胡漢合作，才能統治北方，當時漢人是屬大門第，胡人不與大門第合作，無法統治，但此時的漢族人士尚保留一半的根據地。

　　到了元朝，蒙古外族才佔領整個的大陸，蒙古還進一步征服西方歐亞兩洲，包括印度和俄國，不過蒙古人仍以中國為主要地盤。

　　俄國人最怕是有外族人士從烏拉山進攻他們，因為匈奴和蒙古人均攻入過俄國。

　　二十四史有南史、北史，北史中多國係由外族統治。中國四民社會中的士，為世上其他國家所無。當蒙古人統治中國時，即把全國都變為牧場，但金國有一臣建議抽租稅，讓人民仍可種田。但當時蒙古統治階級的新思想認為：

　　一、農民無用，應改為畜牧。

　　二、重視技工、工人，凡工匠可免死，對僧侶，如佛教、道教人士則任其生活。

　　三、蒙古人進入中國，其貴族成為征服者，即是統治者，士的階級廢去了。

　　中國有士、農、工、商四民，而且是以士為中心的社會。

　　中國到了宋代，取消了義務兵，變為職業的傭兵制，因此由四民而變成五民社會，此即募兵制度。

　　但蒙古人並不能統治中國,於是有官與吏之分。省主席為長官,以下處長即為屬吏,吏即書記、幫辦之類。色目人幫助他們收賦稅,並請其貸款放利息。色目人非中國人,亦非蒙古人,多數從新疆來,為回教民族。

　　元代宗教有喇嘛教、佛教及中國之道教。五民中,漢人只能作農,工、商、兵與士則不能由漢人擔任。另外的職業為醫生,尚有其他天文、數學、水利、工程等科學人員。(按:西方人統治殖民地是由軍人為主,貴族隨來,另帶醫生、律師、牧師,治下之人民則為農、工、商,要納稅。)元代尚有書畫、雕刻、音樂、戲劇等多項藝術。

　　中國是政教配合,西洋則政教分開。

　　元統治中國時,中國人知識分子對自然科學與民間藝術之進步很大。

　　東西交通為中國地理之特色,中國的大河流自黃河以下,平行的有濟水、淮河及長江,其間有一條自南向北的運河,自長江經淮河,再而向北臨近濟水而到達洛陽,已近長江了。

　　黃河下游常變更河道,所經之處便有大水災;今日之黃河已永遠自濟水入海,百年來已未有再發生大災害。

　　元朝追隨遼金兩朝建都北京,至明太祖則建都南京,孫中山先生滅清後,亦主張建都南京,成為光榮恢復的首都。

　　北京卻是歷代(遼、金元、清)異族統治之都城。

第十四篇　明代經濟狀況

一、明代南北經濟情況之轉變

　　自中唐以前，中國的經濟是北方重於南方，此時的漕運自黃河下游至上游(陝西)，即自東往西。

　　南方開發了，自長江流域分成江北與江南。長江之北為淮水與漢水流域，因此淮水、漢水流域可說是中國之江北。

　　當時的長江與淮水之間(淮水亦可稱淮河)，有兩條運河，一是自南到北(即揚州到汴州)的運河；一是自東到西，就是沿黃河附近的自汴州到洛陽的運河。

　　北京在黃河以北，自北京向西有太行山脈。

　　中唐以前，中國的重要經濟仍在北方，經安史之亂後，北方有軍閥藩鎮割據，且藩鎮養軍也不納稅給中央政府，因此中央之財政惟有依靠南部。

　　經五代之亂後，北方在長時期大變亂，此時有黃河潰決。如果沒有黃河，即無秦漢隋唐，但唐後，黃河卻成為中國之害了。潰決之原因乃由於戰爭時雙方潰決造成。因此使河床墊高了。河水就往四面亂竄，自五代至宋，黃河常有潰決。故黃河在五代之亂，宋遼之爭下，潰決造成不利，黃河每次潰決，泥土墊滿土地，因而破壞農村。

　　金朝統治北方時，更使北方經濟衰落。總之，經過五代之亂、宋遼之爭、金人統治後，北方經濟更墮落了。

　　當五代紊亂時，南方十國則生活安定。如四川前後蜀以及福建之閩地，均是安定的社會。特別是南唐時期的吳、越，是首次與北朝的南方開發後的安定。第二次的南方繁榮是在五代十國時。

金人統治北方時之南宋，建都杭州，南方有更大的人力物力，當時的文化、經濟都向上發展，已開始發達了。

元代自成吉思汗到元始祖，由於元代之造成的破壞，因此北方是歷次遭受五代、遼、金及元之破壞，北方經濟及一切已乏善可陳，但南方則屢受保全，並大加發展。南、北雙方情況是大不同。

當時從北方逃來南方的是講客語(此自指第二批來南方者)。首次自北方來的，即是今日之講粵語者，故粵語實為秦、宋古代之古語。

以上是講明代南北經濟情況之轉變。

二、宋元明時黃河與運河情況

遼、金與元各朝建都北京(戰國時之燕亦建都於此)，實非中國本土，原因由於從北方到南較近便。至明代亦建都於此。

此時因北方經濟受到破壞，須靠漕運由南方供給。此條運河與上述運河之路線不同，而是由山東到北京，歷元、明、清三代。長城是為了國防，運河則是為經濟，其水利工程極為偉大。

當時開了一條與黃河並行的汴水，黃河水多時可通水至汴，使黃河免於潰決，此汴水為戰國時韓國人所建，幾千里的大運河，自揚州至北京，其問題是：

(一)無水源，但卻是一條大河。

(二)此條大河中間經過江蘇北部之淮安之清江埔，正所謂“南船北馬”。

江南之太湖流域比海為低，運河的水形則是中高而兩邊低，即成弧形。水源大部分是靠山東泉水，有條濟水自黃河穿過來，其中著名者為趵突泉，大明湖之成功便是由泉水造成。相隔數十(百)里之泉水均是相通的。泉水在北部，即清江埔之北，匯成運河水源，清江埔南靠淮水，黃河潰決時流入淮水中。

第十五篇　宋元明三代民間手工業

一、唐宋以來絲絹紡織業

人生最重要者為食與衣。

關於穿衣，古時即有蠶桑，便會牽涉到絲織品。古代的蠶桑事業首先發展於北方，而非如今日之在南方太湖流域等地。中國之絲在漢代自地中海傳到羅馬，已成為世界商品。中國有織官，即有國營的織造工廠(工場)。唐代山東的絲綢，仍有漢時設在山東之織官，即有三個國立的織造工場。

唐代稅制有租(田租)、庸(力役)、調(指土產，普通是指絹)。且絹在當時可作貨幣代替品。

唐代時已將機織業與農戶脫離而分立了。此一工作有了商業意義，可見經濟已進步了。

自晚唐到五代，有一批人專門成了織戶，已與農業的耕戶分開了。例如歐陽修有詩送東陽主簿，詩云："孤城秋枕水，千室夜鳴機"；袁甫《蒙齋集》作徽州知縣中有一文〈奏便民五事狀〉中云："自來攬戶之弊，其受於稅戶也，則昂其價，其買諸機戶也，則損其值"。

從上文可看出當時之情形。

稅戶者，宋人與唐之租稅相似。一面用田租，一面要納絲織品。唐自實行兩稅制度後，不必納絹，可以用錢交納，於是先賣絹，再得錢。於是賣出時價低，要買時則價提高，陸贄作文指出有此弊端。南宋陸游《老學庵筆記》（按：老學者，老而猶學也）中云：

> "靖康初，京師（即汴京開封）織帛及婦人首飾衣
> 服，皆備四時，如節物則春幡、燈球、競渡、艾虎、
> 雪月之類，花則桃、杏、荷花、菊花、梅花，皆併為
> 一景，謂之一年景。"

此文說明了北宋末年織帛之織法，說明此時期生活之奢侈，織物已變成商品，並非男耕女織之時期了。

唐代是門第社會，大家庭中養有各種工人，不必向外買。宋代則成了小家庭，故出現了機織後，便與農戶分離，絲織業便發展成為工商業了。

中國今日吃虧的是織布業之衰落，完全要靠外國，此乃造成中國貧窮之原因。今天的社會變了樣，女人整日打麻將，因無工可作，這是不得已。與道德教育問題無關。

二、元明時期棉織業

中國古代有絲麻而無棉。

棉在古代叫吉貝，《尚書》已可見"吉貝"二字，直到元代、明代才有棉織業。

由於當時的氣候關係，我國北方不適宜種棉，中國要到松江黃婆時才開始有棉織業。清褚君曾撰《藝海珠塵》，其中〈木棉譜〉中記載，上海有販棉花之戶，明末褚氏之六世祖能經商，當時山西、陝西人所穿布衣均是滬買，於是銀貨兩交，一家人成了大富。

後來山西人來滬也懂得不必向住家去買，可直接向商店去買，故

有人自己集資購備織物。他們直上山地等地去買，謂之水客。當時有閩、粵人來滬，攜了糖來，賣了糖而買花衣(即原料)，回家鄉後自己紡織，當時上海有船數千，可見已是大商埠。

有了紡織，便有染布業，稱為染工業。

三、宋明陶瓷業——五大名窰

當時歐洲人要中國的瓷器，花了很多錢。自唐至清，瓷器仍可代表中國的藝術。中國的英文"China"便是從瓷器而來。

瓷器始自唐代，至於成為大手工業則要到宋代。宋代有五大名窰，即哥、官、汝、均、定五窰，也是日後中國的瓷業五大名窰。就是指

1. 定窰：在河北定縣
2. 均窰：在河南禹州
3. 汝窰：在河南汝州
4. 官窰：在汴州
5. 哥窰：在越(浙江)

可見上述名窰，四個是在北方，在南方的只有一個。自唐代起，哥窰最為出名，因此浙江(越)出產青瓷。五代時柴窰(在北方)，相傳在柴世宗時，亦做出青窰，叫做"雨過天青"。此色澤極為名貴。

浙江哥窰所出青瓷名叫"千峰翠色"，亦極名貴。宋後則瓷器大盛，結語云："青如天，明如鏡，薄如紙，聲如磬，滋潤，細媚，有紐紋。"

凡切合上述標準之瓷器，可稱為極精品。後來在瓷器上可畫花了，堪稱工藝美術。

　　日本人曾研究宋代瓷業，對瓷業發源作了小考證，計有二十六處。計為河北二，山西一，河南六，山東一，陝西一，共十一處。安徽三，浙江七，江西三，閩二，共十五處，合共二十六處。

　　由上述可見瓷業到宋代已甚發達了，並已發展至南方了。但產精品的則多數仍在北方。

　　陶瓷業到了明代可查考者已有四十多處，較宋代尤多矣！但到了明代，最大的瓷器工場卻集中在一處，即為江西景德鎮。據《江西通志》云：

　　　　"景德一鎮，僻處浮梁，邑境周袤十餘里，山環水繞，中央一洲，緣瓷產，其地商販畢集，民窯二三百區，終歲烟火相望，工匠人夫不下數十餘萬，靡不借瓷資生。"

　　又云：

　　　　"一器之成，經八十人手。"

　　可見造瓷業分工之精細，甚至當地所產之區，分成數區，各稱某某戶，分別擔任不同工作，可稱為美藝工業。

　　十八世紀時，我國大批藝術品、絲、陶瓷等運去歐法等國，現在關於陶瓷之書，中國竟無，卻要到日本才有，因此西洋要向日本學習。

　　談到中國瓷業，不僅是科學的，而且是藝術的。中國人的日用商品都含有極高的文化在內，因中國是文化極高之國家。

五、唐宋雕版印刷術

　　雕版印刷是宋代第三種盛行的工業，對全世界有極大影響。古代的文字要用手抄，首先發明印刷術的是我國，這是純粹的文化事業，我國印書尚早於西方兩個世紀，有人說，自隋代起已有印刷術，到五代盛行了。

　　五代的馮道開始印《九經》，但可能最初是印佛像，後來印刷民間一般要用的日曆，可見科學的發明是隨着需要而來。

　　古代中國是門第社會，學術文化在大門第手中，他們可以抄書在絹上，所以用一卷二卷來稱呼。用象牙插掛之，但並非一般人有能力所能辦到。可以說印刷術始於唐，盛於五代，精於宋代，大致上可如此說。

　　宋慶曆年間，布衣開始發明活字版(按：古人鑿字於石上，可用帚塌出來，即成黑底白字，此法在東漢時已有。)，太學即將五經刻於石上，以便抄本作校對。東漢石經至今日尚有部分保留的。但當時尚無陽面的印書法，可能因當時社會還不需要，故未有發明。

　　西方人主張多產、速成，便於發財，但中國的工業已進步到審美的階段了，並不主張多產，而是主張要精美且可久存。不計成本，不求收穫。

　　活字是一個個的木刻字，畢昇開始時的活字是用泥土做的，字燒成後，印刷時兩邊有兩條邊。故後來改為鉛製，又改為木刻的活字版。後來又有銅版的。

　　我國印刷術的發明，對人類文明是一種極大的貢獻，且所印的書又變成名貴的藝術品了。如宋版書，今日已極為稀有，宋版的字體，墨色和紙均極為講究，每一頁均成為名貴之藝術，今日已成無價之寶矣！

由於印刷術的發明，書舖便產生了。北宋歐陽修有一篇文〈論雕印文字箚子〉，其中討論到有關印刷的問題，文中表示希望朝廷禁止他人隨便翻印別人的書，當時有《宋文》二十卷，《宋文》首卷之文是富弼的〈讓官表〉、〈澶淵之盟〉，歐陽主張禁止民間隨意印刷，即這些文章牽涉到國體，應該禁止。由歐陽此文，可見當時之文章的印刷已很發達了。由此可以想見當時的印書業已十分盛行了。

南宋朱夫子〈按唐仲友第三狀〉（此即朱子彈劾他的狀中(朱、唐均為文人)）曰：

> 「仲友到任，歸本家書坊貨坊第一集版，印費將漫，又刊一番。」

由此可見當時的人已以刻書為商業了。

岳飛之孫岳珂《愧郯錄》中說：

> 自國家取士場屋，世以決科之學為先，故凡編類條目，撮載綱要之書，稍可以便檢閱者，今充棟汗牛矣，建陽書肆，方日輯月刊，時異而歲不同，以冀速售。

由此可見當時人已有趕速售賣的商業頭腦了。

六、唐宋造紙業

東漢蔡倫造紙，但據歷史記載，西漢時已有紙了。但由於這時尚無印刷術，故用紙較少。如唐杜佑《通典》中談到：希望各地方供應中央以土產，即所謂土貢。當時賣紙之地方只有兩處，即婺州與衢州是也。

《宋史地理志》中談到貢紙的有八處，即淮南路的真州，江南路的池州、徽州；兩浙之臨安、溫州、衢州與婺州與成都路的成都。兩浙多產紙，因該地區多產竹故也。

紙的功用之大，於文化之功莫大焉！我們今日卻向外國人買紙，實在可憐。

七、宋代鈔票發行

唐代是用便換，叫"飛錢"，即銀行之匯兌，此即寫一憑票付洋若干之紙，因持此紙便可通行於第二地方。

宋代叫"交子"，交者，易也，亦有稱"交鈔"的。此時已有用雕版大量印行的，可見此亦已在商業上使用了。

宋代開始正式用鈔票，鈔票亦為我國人所發明。

八、元明時期匠人

蒙古人入侵中原後，到處殺人，惟匠人不殺，由於需百工百匠。金朝帝皇曾說："蒙古人難以對付。"因蒙人有馬，有匠人。

元代設立官匠戶，是世襲的、官營的，並由政府管制其婚配，另有一種則稱"畸零"。元代匠人來源是俘虜及括取。至元廿一年記："曩於江南民戶中，撥匠戶三十萬。"

可見當時工業之盛及元人對匠人之關注。

明代將戶分為三等，見傅維麟《明書》，書中說明，人民可分為軍戶、民戶和匠戶。又對醫戶很重視。《萬曆野獲編》中記載了陸祥原為石匠，後派任其為工部左侍郎；徐杲原為木匠，後來任工部尚書。由此可見明代亦十分重視匠人。

按照明代的規則，匠籍之戶口冊另立。工匠不准參加考試。

宋代尚有偉大的建築業。其中造園林、堆石極為偉大。此已屬於美術史或文化史了。至於此一時期的造船與航海事業則更為像樣了。

第十六篇　宋以後的市場形式

　　春秋時一國即一城，城市中必有一市區，中國城市也往往是政治兼商業中心。

　　古代的城市，日中為市，交易而退，各得其所，凡市，必有一特定之場所，也必有特定的時間。所謂市肆，肆者，陳列之意也。古代之市場是過了特定的時間必清場，有的定數天一聚，或逢年雙日一聚。如北京之天橋市場，正正代表古代形式，有聚有散。城市中之住宅區叫坊。買物區叫市。古代之市坊分區而不混雜。一直到唐代。

　　《洛陽伽藍記》一書中，有畫成一市場建築圖，對於街坊市場等情形有詳細描寫。

　　唐代以後有草市，不在城市中，而在非城區，因為城市之間，每每相隔數十里，特設草市。唐代以前是特定區域，宋代則有城外之住宅區，叫廂，該區有駐軍叫廂軍。

　　宋汴京(開封)形態與宋以前不同，當時有一冊《東宋夢華錄》，書內有很多經濟資料，內容與今日之"香港導遊錄"相似。說明當時汴京之社會情況。但已與唐代不同，當時已有行販小賣。此時期街上到處都有商店、酒樓、旅館與戲場。市已無時間限制，可日夜不斷經商，店舖也成為不移動了。

　　除了市之外，尚有所謂"行"，行業古稱三百六十行，或一百二十行，古代的"行"在市區，一條街往往只買一種貨，如全是藥行，或全是酒行等。

　　宋以後之市場不分了，故在市中亦不能分行了。

南宋京都遷移至臨安(杭州)，此處有一部書叫《夢粱錄》，亦為筆記，閱覽此書便可以知道京都之情形。

唐代以後坊、市分區。行者，唐代以前即表示各市區之肆列，行為市肆中依類分聚之列肆，市肆是由各種行所構成者。

到宋代以後，市與坊不可分了，仍是同業相聚，"行"仍是有，但變成一市了。這並非古代之市，不過是散佈在各特殊區域，而已非只特定一範圍為市了。

我國有行業組織，即行會、公會。

西方中古時期除了有封建大地主、教堂、貴族之外，尚另有自由城市，因城市非貴族地主所能管到。因此也有行業組織。西方所有的公司組織，乃是為了商業有保障。雙方既有自由城市及行會組織，但與中國的行會組織不同，因中國城市是不自由的，是由政府統治的，但政府亦贊成有行業組織。例如：有《續通考》明世宗嘉靖二年所訂的市場詩中說：

　　"凡城市鄉村諸色牙行，及船埠頭，准選有抵業人戶，充應官給印信文簿，附寫客商船戶，住貫姓名，路引字號，物貨數目，每月赴官查照，私充者杖。"

又一例曰：

　　"諸物行人評估物價，或貴或賤，令價不平者，計所增減之價論罪，買賣諸物，兩不和同，而把持行市，專取其利，及販鬻之徒，通同牙行，共為奸詐者杖。"

　　此處說明商人不能把持行市，販鬻之徒與牙行亦不能串同奸詐，否則當罰也。

第十七篇　從井田制談到唐代賦稅制

　　現在(註：1950年代)尚沒有學者能撰寫成一本好的"中國社會史"或"中國經濟史"，但有關上述兩書之材料則極多，而且也易於找尋，且由政治制度可反映出經濟社會諸問題。

　　中國對社會經濟問題向來重視"均"，故云："不患寡而患不均"(《論語》〈季氏〉)。平均地權為中國歷史上傳統相沿之政策，其反面則為兼併，故中國歷史經濟政策多為"抑兼併"。

　　對於商業資本，中國則主張節制資本，故孫中山先生不僅為革命家，且為政治家，故中山所提出之兩點，即同是配合世界新潮流與中國舊傳統。

　　井田制為我國封建社會之制度，為後人永遠所歌頌，因此制度乃是平均地權，亦等於西方今日之歌頌希臘。封建制度破壞後，接着"耕者有其地"，但是授田政策，土地權在政府。政府要收回。但等到田地可自由買賣時，就變成兼併了。

　　秦漢時代，田地可自由買賣，漢時租稅只收十五分之一，租稅雖輕，但農民卻得不到政府的實惠，而兼併者卻得了便宜，因農民向地主徵租要繳百分之五十，即二分之一。後來董仲舒提出"限民名田"政策，即人民擁有田地定出了最高限額，但並沒有實行。此後陸續有人提出各種不同的土地政策。

　　王莽時提出"王田制"，即主張土地收歸國有，由政府重新分配土地，可是全國人民反對，因此王莽失敗了。

　　三國時天下大亂，全國皆兵，此時已無種田人，土地全為國有，又可推行土地政策。

晉並無好制度，但有占田制度，即“限民名田”規定每戶人民可占多少田地，即是限止擁田過額。北魏有均田制，等於古代井田制，唐代仍然施行。

我國大多數時期，均主張平均地權，少數時期如漢代只注意商業賦稅，而並不注意土地問題。唐代都不注意商業，只重視收稅，但唐制比漢制為佳，因此下層人民不會太窮。漢代時政府不許人民太富，太窮的則不管；唐代時則不許人民太窮，但可以太富。

唐德宗時，楊炎為相，定出“兩稅制”。其制度之重要是：不愛賦稅制度，而專講土地政策。因租庸調制雖是賦稅制度，但實以土地政策為背景，兩者是相混的。

租庸調制的手續十分麻煩，有簿冊，人死要收回田地；因此需要人口調查、登記戶口，推行時地方政府耗力甚，如戶口冊一亂，此制度便不能推行，故必須改革。

中國是有戶口冊最為完備者，但調查困難，易於作弊也。實施兩稅制度，則問田不問人，一千年來推行此政策至今。

古代井田制度是小國寡臣，所以易於實施，由於財政制度的牽涉，故土地制度不能徹底推行，而忽略了經濟政策，此為中國歷史上之中心政策。

政府要輕徭薄賦，故行政開支要盡量節約減少。政府有一缺點，即不願人民多出錢，故政府行政經費要減輕，那就使行政手續盡量簡約，因而很多理想的方法只得放棄。

兩稅制度之優點，首先是手續簡化，不再收租庸調，只需要單收田租，租額是唐代楊炎所訂定“量入為出”的原則，即每一年之政府費用標準先確定數額多少，此後即照此數徵收。

唐以前之政府希望社會平均，而無大窮大富。政府亦希望租稅全國平等。但兩稅制度後，其弊端出在租稅永遠照原來所定，故田租增或減均是相同，遂造成田地租額之不平等。

全世界各國均有賦稅與徭役，但中國自唐以後則免去徭役矣！

唐代之租庸調制，賦稅有關土地；徭役有關人身；貢納有關家庭。而兩稅制是一種單一制，因手續太簡，但後來仍有徭役。

宋代王安石有免役法。到明代有整頓賦稅與徭役之法，但失敗原因仍為手續太繁，故理想之政策必須簡單而不馬虎，最好是實行民主及地方分權。

中國傳統社會國民對國家，一般有以下的負擔：

1. 稅：即地租，"粟米之徵是田的地租。"也是唐代的"租"；
2. 役：即力役，"力役之徵是身的勞力。"也是唐代的"庸"；
3. 賦：即土貢，"布帛之徵是家的土貢。"也是唐代的"調"。

每一國民對政府應有(義務)負擔，但國家亦應給每一國民田地，名叫"為民制產"。中國是把土地、財政與賦稅三者合而為一。

漢制之缺點是土地制度未有嚴格管制。魏晉時土地破壞了，晉時的賦稅名叫"戶調制"。唐代租庸調制轉變為兩稅制的原因是因為手續上的問題，中國土地多，人口戶口調查、田地變賣等問題甚多，因此為了行政手續的簡化，便得想出辦法。

中國學者有學問的，在古代很易上政治舞台，並推行其思想於政治上變成制度，因此可以寫成一部"中國政治制史"。(按：錢穆先生早年時，大概一九三幾年在北京大學教書時曾撰成一冊"中國政治制度史"稿本，到香港創辦新亞書院及新亞研究所後，本來欲將手稿交給研究所首屆畢業生孫國棟校友整理成書出版，後因孫君行政事務過於忙惜未成事。)但西洋人有馬克思的《資本論》作品出版，因彼等不理是否受官方重視故也。

　　中國有選賢與能，即今西方之選舉。由於中國地大人眾，故須以考試制度代替選舉制度。

　　中國如將兩稅制變成單一稅制，但其勢為不可能，其後須有改良也。

第十八篇　明代稅制

一、黃冊：戶口登記

　　近年(按：1950-1960年間)在新疆沙漠中發現了竹片，即漢簡也。此中亦有戶口冊子。可見漢代以簡牘登記戶籍。而東漢時中國即有紙的發明，故之後的魏晉南北朝時即有"黃籍"與"白籍"，即為紙籍。

　　明代之"黃冊"是登記戶口的；"魚鱗冊"是登記田畝的。

　　黃冊(即黃籍)是將戶口寫入黃冊中，每隔十年調查戶一次。一本送戶部(即今日之內政部)三本存放在地方政府。明代之地方政府有三級，有布政使司(省)一級；府政府一級及縣政府一級。共三級。

　　所謂"四柱"，是指：(1)舊管；(2)新收；(3)開除；(4)實在。黃冊上記明人名、田畝數額及賣出田畝等，且買入田畝者亦有記錄可查。這是一種制度，其實經濟思想早已含在其中了。為了達到"為民制產"、"限民名田"，所以要在戶口冊上寫明田數等，使人民對田地不致於兼併得太厲害。

　　戶口規定一百一十家叫一里；一里分十甲，十家叫一甲，十家中有一甲長，共十一家。

　　有甲長、里長，即管一里一甲內之事務。使政府管理頗為便利，因此使財政清楚，不過後來也難免積久而生弊端矣！因其中有土豪擁有龐大田地，但他們常將其田寫入別人戶中，因此而造成不正確。

　　黃冊直至清代最後百年，便無形中消失了，魚鱗冊則直至清末仍然存在，因有圖可查看，頗為便利也。

二、魚鱗冊：土地登記

　　明代之魚鱗冊，以土田為主，亦稱魚鱗圖。因畫成像魚鱗一般，故名之。

　　縣有四至，鄉以邱為單位(邱即丘也)；田則註明官有(即公田)與民有(私田)。又有高田；低田；埂、瘠、山、蕩(即湖)等註明之。又註明業主，(除官有者以外)如業主將田賣掉時，則要過戶，則要報告政府，要一年一註，在黃冊中亦要註明。黃冊是人戶，具有流動性，魚鱗冊亦是固定的，故當時人說"田母人子"，找到土地後，人就容易找了。

　　這種表冊的意義是：(1)政府可用以收租稅。(2)可以抑止兼併，至少不使兼併過盛。

　　放棄兩稅制是因為中央政府規模越來越大，政權集中，使地方政府之權力越來越小。

　　宋代農村每地有一頭腦(大門第)，但宋以後中國社會變成平等了，無貴族與門第，由於農村分散了，故政府必須想出統一的便利租稅的方法。但事久弊生，因此產生了"飛灑"；飛灑是地主擁有極多之田，於是設法將田寫在別人名戶上，稅則由他出，與官方或私人商量，因此統計不會準確了。但調查相當困難，手續十分麻煩，要用很多錢，故到了明代中葉以後，魚鱗冊的制度出了弊端，而要另外想辦法了。

三、明代一條鞭法

明代的一條鞭法就是租稅、土田、徭役及人力諸項，為普通人民向政府貢納者。

中國一向的稅務政策原則是"輕徭薄賦"，中唐以後，中央政府權力大不如前，地方無力也缺乏資源去落實執行戶籍與土地登記，均田制名存實亡，租庸調制也不能有效施行，中央政府施行稅制改革，租庸調歸為一，實行單一稅，並均攤派在土地上了，中唐以後便以兩稅制取代均田制與租庸調制。

接着宋代王安石推行免役法；然後是明代的一條鞭法。此種單一稅法，是免去徭役，直至清代仍是丁糧合一。

即自唐代起，人身可不必向政府當差，這是一種好制度。當兵也不抽壯丁，而用募兵。這種制度是好的。

第十九篇　清代稅制與民生

一、清代之地丁合一稅

明代的一條鞭法，是用黃冊與魚鱗冊，以丁計人糧中，即成為丁糧合一的一條鞭法。至於清代的地丁合一稅，也是以丁算入糧中，與明代的一條鞭法相同。

清代的所謂地丁合一，即是田指地，丁指戶口，將地與丁計算所得便向政府繳納錢糧。

清代的地丁合一稅也與明代的稅相同，可用白銀折繳。所謂地丁合一者，就是按田派丁，當時就傳誦着一句口號，叫做"富民出財，貧民出力。"

總之，清代的地丁合一稅，與明代的一條鞭法，是大致相同的。所不同者，明代是十年統計戶口一次，如人口有增加時，便須加稅；清代的地丁合一稅，康熙五十二年有詔書，凡每戶之戶口有添丁時，永不加稅。因此，清代稅制確實比明代寬大，是一種好制度也。

二、清代之消亡

清代的康、雍、乾三朝過的是相當平穩安寧的日子，可以與唐代的貞觀及開元天寶媲美，不過到了乾隆中葉，清室便步入衰落之期。由於乾隆喜歡常動干戈，也不及雍正的勵精圖治，單就國家的庫房來說，康熙六十一年，戶部庫存有銀八百萬餘兩，到雍正時，增至六千餘萬兩，達七倍有多。但因雍正用兵開支甚大，到了乾隆初年，庫存只有二千四百餘萬兩，乾隆曾普免錢糧四次，總算有益老百姓，但他巡幸江南六次，可說好大喜功，動用庫銀甚巨，總算仍存七千餘萬兩。但乾隆時和珅為相二十年，貪銀達八億兩，富可敵國，相當於國家歲收十年以上。於是有"和珅跌倒，嘉慶吃飽"之謠；由於和珅之貪瀆無厭，因此影響清室之以下數朝，吏治日竄。

時有章學誠、洪亮吉等給予劣評，洪亮吉於 1789 年上奏言曰：

"今日州縣之惡，百倍於十年二十年之前……無事則蝕糧冒餉，有事則避罪就功。"

章學誠在〈上執事時務書〉抨擊曰：

"上下相蒙，惟事婪贓瀆貨。始如蠶食，漸至鯨吞。初以千百計者，俄而非萬不交注矣，俄而萬且數計矣，俄以數十萬或百萬計矣。"

因此，老百姓之家財，被政府抽去重稅，地方政府又濫加派力役，幾乎不破其家不止，人民生活之慘可知矣！

當時民間經濟普遍轉壞，人民生活多屬困苦。加上乾隆之戶口比康熙一朝急增達七、八倍，由乾隆初之一億七千餘萬增至乾隆四十八年之二億八十四白餘萬，全嘉慶更增全三億六十一白餘萬人。因此人民所耕之田所住之屋常感不足，而賦稅負荷又重，真是民不聊生，其苦無比。

當時洪楊亂起，官逼民變，有"天厭滿清，朱明再興"之口號興起，不久由曾國藩之湘軍，將洪楊數千兵丁平定。及後西北捻回之亂又起，依舊要靠湘軍平定之，當時曾國藩、左宗棠、李鴻章等大員號稱同治中興功臣，但他們能平亂，卻不能治理，於是清代的部落政權，始終苟延殘喘，終於最後由於外患頻仍，如英國入侵的鴉片戰爭、英法聯軍的廣州失陷、俄國入侵的伊犁訂約、日寇侵華的台灣被割……等等，喪權辱國，莫此為甚。再加上財政之竭蹶，內政之不振，晚清雖欲變法，已無力自強矣！

當時雖有盛宣懷、張之洞等能臣之協助，但守舊勢力頑固，阻礙了革新運動，終於在孫中山先生領導之下，以辛亥革命推翻了滿清，建立了中華民國。當時雖有康有為、梁啟超等，有意想維持當時之和平現狀，但潮流趨新，孫中山之辛亥革命終於奠定了建立民國之基礎。但由於光緒年間，兵變與內亂頻繁，人民的生活處於水深火熱之中，更難說可以得到豐足和平之生活矣！

第二十篇　民國時代的賦稅

　　關於此篇，錢先生簡述如下：

　　八年抗日戰爭時期，晏陽初作出文化、經濟、政治及教育方面各種實驗，晏氏由河北定縣遷移至四川灌縣後，某日晏陽初說："耕戶並不吃虧了，地戶也並不佔便宜了。"

　　近百年來，中國人在經濟上是吃虧的，原因是：

　　（一）：與外國人訂了關稅條約，外國進口中國只能抽稅一次。

　　（二）：訂釐金，中國貨運到任何關卡均須抽稅。

　　由於上述兩項，中國商業日衰，而外國貨則大佔便宜。由於只抽租稅，但政府的費用大，如辦學校，普及教育，而原來的田租不夠用，便加一些教育附加稅，加出的名目達數十項之多，因此地主要繳納給政府的稅很重了。